NOTICE

SUR LA

CONSTITUTION GÉOLOGIQUE

DE LA

MONTAGNE DE BERRU

NOTICE

SUR LA

CONSTITUTION GÉOLOGIQUE

DE LA

MONTAGNE DE BERRU

PAR

J.-M. AUMONIER ET ANDRÉ ECK

Membres de la Société géologique de France

Mémoire couronné par l'Académie en 1870

IMPRIMERIE COOPÉRATIVE DE REIMS

(SOCIÉTÉ ANONYME)

24, Rue Pluche, 24

1873

GÉOLOGIE

DU

MONT DE BERRU

Par MM. J.-M. AUMONIER et A. ECK

Rapport de M. V. LEMOINE, MEMBRE TITULAIRE

DE L'ACADÉMIE DE REIMS.

Notre pays de Reims, malgré son aspect actuellement si peu accidenté et si uniforme, a été autrefois le théâtre des phénomènes géologiques les plus considérables.

C'était tout d'abord la mer crétacée nourrissant sous ses flots ces myriades d'êtres microscopiques dont les débris accumulés forment la craie et nous donnent la mesure de ce que la nature peut constituer avec les infiniment petits. Que devient, en effet, l'animal le plus colossal en présence de ces masses dont la largeur se mesure par lieues et l'épaisseur par centaines de mètres ?

Ce premier dépôt formait une plaine parfaitement horizontale, ayant Paris comme centre et s'étendant d'une part vers les côtes de l'Angleterre, de l'autre vers la Champagne.

Mais bientôt cette vaste surface, laissée à nu par le retrait de la mer, est devenue le siége d'un mouvement des plus curieux dont la presqu'île scandinave nous offre actuellement l'exemple le plus frappant ; car il est démontré que tandis qu'une de ses rives s'enfonce peu à peu sous les flots, l'autre s'élève et met à découvert des points jusque-là submergés.

De même la plaine crétacée s'est lentement affaissée vers son centre et relevée sur ses bords.

Il en est par suite résulté une immense cuvette dans les profondeurs de laquelle une nouvelle mer s'est précipitée ; c'est le début de l'époque tertiaire, c'est la mer de Bracheux.

Une partie de ses rives se trouvait formée par notre pays de Reims, et notamment par Brimont, Witry-lès-Reims, Berru, Verzenay.

Cette mer et ses alentours jouissaient du climat, et sans doute de la luxuriante végétation des bords de la mer des Antilles.

Nous en trouvons la preuve frappante dans les milliers de coquilles qui ont peuplé cette partie de l'Océan et dont les débris fourmillent à Châlons-sur-Vesle, Merfy, Brimont, Villers-Franqueux, Jonchery et tant d'autres localités qu'il serait trop long d'énumérer.

Ces coquilles se rapprochent en effet de tout point de celles que l'on peut recueillir actuellement dans la mer des Antilles.

Les requins pullulaient, et les dents que l'on recueille à chaque pas montrent qu'il y en avait plusieurs espèces pouvant acquérir de grandes dimensions.

La partie rémoise de cette mer se trouvant à une faible profondeur s'est isolée à un moment donné des eaux marines et a constitué un lac assez considérable. Sa profondeur pouvait, en effet, dépasser 12 à 15 mètres, ainsi que le prouvent ces marnes grisâtres, si développées dans les exploitations de Rilly et dont des fragments considérables se retrouvent dans toute la montagne de Reims, de chaque côté de la vallée de la Vesle.

Ce lac, dont Rilly formait une partie de la limite orientale, atteignait Dormans, Sézanne, et se prolongeait au nord jusqu'à Compiègne.

Tout semble indiquer que cette vaste masse d'eau devait rappeler ces beaux lacs du Midi si favorisés par la limpidité de leurs ondes et la pureté du ciel qui s'y reflète.

Pour notre industrie moderne, ces restes d'une époque qui n'est plus, constituent plutôt un sérieux obstacle, car c'est au-dessous qu'il faut péniblement aller à la recherche de ce sable de Rilly, si renommé pour sa blancheur et sa pureté, et que se disputent nos fabriques de cristaux les plus célèbres.

Le lac de Rilly, à un moment donné, a fait place à de vastes marécages d'une végétation des plus riches et peuplés de tortues et de crocodiles. Ils représentaient, sans aucun doute, ces immenses marais que l'on trouve à l'embouchure des grands fleuves de l'Amérique et de l'Afrique, et qui répandent à la fois les germes de la plus heureuse fertilité et trop souvent des épidémies les plus meurtrières.

Ces lignites dont les dépôts sont plus connus sous

le nom de cendrières abondent aux environs de Rilly,
Verzenay, Villers-Marmery, Villers-Franqueux, Jouy,
Gueux, Pouillon.

Ils constituent pour nos vignes d'excellents moyens
d'amendement, mais on a cru pouvoir y trouver des
richesses d'une autre nature.

Dès le quatorzième siècle, les esprits avaient déjà
été surexcités par le bruit qu'une mine d'or se trouvait
dans nos environs, et la terre des Potez, donnée par
l'Archevêque au chapitre de Reims, avait été l'objet
de fouilles spéciales à la recherche du métal si envié.

A une époque beaucoup plus récente, de l'or aurait
été trouvé d'une façon certaine dans une cendrière
voisine de Rilly.

Nous aurions donc aux portes mêmes de Reims
une mine d'or, mais malheureusement cinquante fr.
du métal auraient coûté plus de cent francs d'extraction.

Vers la fin du siècle dernier, alors que l'on com-
mençait à reconnaître toute la valeur de la houille
au point de vue industriel, l'idée que les environs de
Reims recélaient des gisements du précieux combus-
tible commença à se répandre dans les esprits.

L'historien rémois, le chanoine Lacour, avait in-
diqué à ce sujet la localité de Saint-Thierry, puis
l'attention se fixa spécialement sur les environs de
Marfaux et de Tramery dans la vallée de Nauron.

A Reims même, une société se forma pour exploi-
ter le gisement, et, certes, jamais spéculation ne pa-
rut s'offrir avec tant d'apparences de succès, aussi
les actionnaires d'accourir, les fonds d'affluer.

On n'avait oublié qu'une chose, c'est que la couche
terrestre qui renferme la houille est une des plus

anciennes du globe, tandis que nos terrains rémois
sont relativement fort récents, et qu'il fallait, en bonne
conscience , exécuter des fouilles d'une profondeur
considérable, pour espérer légitimement d'arriver sur
des filons de houille.

Quand la géologie ne servirait qu'à empêcher de
pareilles méprises, certes, elle ne serait pas encore
à dédaigner.

Mais voici de nouveau la mer qui envahit notre
pays rémois. Elle accumule des dépôts de sable dési-
gnés sous le nom de sables de Cuise, et se montrant
en abondance surtout aux environs de Laon et de
Soissons.

Après un nouveau retrait des eaux marines, elles
reviennent encore sur leurs pas, mais les points en-
vahis sont moins étendus, car Rilly et tous ses alentours dominent cette dernière mer qui ne dépasse
pas Chamery.

Cette nouvelle irruption des eaux a eu une influence
capitale jusque sur notre civilisation moderne.

En effet, la mer, au lieu d'accumuler dans son
sein des amas de sables comme les mers précédentes,
y a formé ces masses si précieuses connues sous le
nom de calcaire grossier ou de pierre de taille.

La mer rétrograde encore une fois, et lors de sa
nouvelle invasion elle s'arrête au-delà de Fismes.
C'est la mer de Beauchamps, dont les dépôts sablon-
neux manquent complétement autour de Reims.

Notre pays constituait alors une nouvelle série de
lacs, et leurs débris qui se retrouvent dans tous nos
environs forment le calcaire de Saint-Ouen.

Pour la cinquième fois arrive une nouvelle inon-
dation qui submerge les couches précédentes et qui

constitue les marnes *a pholadomya ludensis*, ainsi nommées d'une coquille qui abonde à Ludes et à Verzenay.

Les formations d'eau douce qui ont succédé à cette mer ont été rendues célèbres par le génie de Cuvier.

Ce sont ces platrières ou carrières de gypse dont l'immortel savant a reconstitué l'étrange population à l'aide de quelques ossements épars.

Plus tard, des fouilles plus heureuses ont mis au jour des squelettes plus complets, qui sont venus confirmer de la manière la plus éclatante ces véritables créations de la science zoologique.

Ces carrières de gypse manquent malheureusement dans nos alentours, il faut aller jusqu'à Château-Thierry pour en trouver des traces.

La période qui succède et qui termine la série des terrains du pays rémois est d'origine lacustre, c'est-à-dire que ses dépôts se sont formés au sein de lacs plus ou moins étendus.

Ce sont les meulières de la Brie qui couronnent toute la montagne de Rilly et qui, s'avançant bien au-delà, se retrouvent dans certains points en contact avec la craie elle-même.

Cette étrange formation, tant au point de vue physique qu'au point de vue chimique, a singulièrement embarrassé les géologues.

Pour trouver dans les phénomènes actuels quelque chose qui s'en rapproche, il faut se transporter jusqu'en Islande, près des Geysers, ces gouffres qui donnent issue à des colonnes prodigieuses d'une eau bouillante et chargée de silice.

A cette époque, nous pouvons nous représenter

notre pays comme formant une plaine uniforme qui s'étendait sans interruption jusqu'à Paris et au-delà.

Des montagnes et des vallées que nous connaissons, pas encore la moindre trace.

Elles vont être l'œuvre de ces cataclysmes épouvantables dont l'ensemble constitue la période quaternaire.

Sur notre pays, naguère encore si favorisé au point de vue de la température et de la végétation, s'étend un froid jusque-là inconnu.

Des glaciers dont ceux de la Suisse ne peuvent nous donner qu'une bien faible idée, se forment de toutes parts et creusent lentement ces profonds sillons qui nous attestent d'une manière irréfutable leur existence à une époque plus ou moins ancienne.

Alors que sous cette bise glacée tout semblait devoir s'anéantir, l'espèce humaine apparaît pour la première fois, commençant ainsi ce dur apprentissage de la vie.

Pas d'abri, pas de moyens de résister au froid, puisque le feu était encore inconnu ; pas d'armes contre les bêtes féroces qui mettaient à chaque instant son existence même en péril.

Mais l'homme, animé par ce souffle divin qu'on appelle l'intelligence, commence courageusement cette lutte de tous les instants contre la nature entière et arrive peu à peu à se servir de ses ennemis eux-mêmes pour assurer son empire.

C'est l'époque de l'ours des cavernes, puis l'époque du renne, alors que la France offrait un aspect identique à celui de la Laponie actuelle : même petite taille chez ses habitants, même utilité du renne qui suffisait à tous leurs besoins.

La rigueur du climat cède peu à peu, et l'industrie humaine se perfectionnant a fait donner aux époques suivantes les noms d'âge de la pierre polie, d'âge du bronze et d'âge de fer qui se prolonge avec les temps historique.

Cependant l'œuvre du bouleversement du sol avait continué.

Aux glaciers avaient succédé des torrents gigantesques d'une force inouïe qui ont laissé comme résultat de leur passage toutes nos vallées actuelles.

C'est alors qu'a été creusée la vallée de la Marne et la vallée de la Vesle, en même temps de profonds ravinements ont séparé de la masse principale les montagnes de Brimont et de Berru.

Ces deux vastes îlots du terrain tertiaire isolés au milieu de la plaine crayeuse, nous montrent la limite même du lit occupé par ces mers anciennes.

Leur position sur un rivage plus ou moins anfractueux, explique cette diversité inouïe d'aspects dans les points les plus rapprochés.

Aussi, rien n'est-il plus difficile au premier abord que de rattacher ces diverses couches aux couches plus ou moins éloignées auxquelles elles appartiennent.

Le savoir seul ne suffit pas pour résoudre ce genre de problème, et l'on voit des géologues de premier mérite s'arrêter indécis, ou bien créer des hypothèses plus ou moins discutables pour comprendre ce que les lois générales de la géologie paraissent impuissantes à expliquer.

Ce qu'il faut avant tout, en pareil cas, c'est une étude extrêmement complète et minutieuse de tout le pays environnant.

Puis, armé de toutes ces notions locales, on peut commencer des recherches sur ces points difficiles.

C'est ce qu'ont fait MM. André Eck et Aumonier.

Depuis plus de deux ans, ils ont parcouru en tous sens le pays de Reims, et trois mois ont été spécialement employés à étudier la constitution géologique de la montagne de Berru.

Dans la notice extrêmement intéressante et complète qu'ils ont soumise au jugement de l'Académie, ils conduisent tout d'abord le lecteur dans toutes les localités où ils ont rencontré des éléments utiles à leur travail, et l'on peut facilement se convaincre combien leurs recherches ont été complètes, car c'est souvent sur les bords du sentier le plus reculé, dans le repli du terrain le plus inconnu qu'ils ont trouvé les renseignements les plus précieux.

Une fois ce travail analytique terminé, ils établissent une coupe générale de la montagne afin d'étudier chacune des couches ainsi constituées.

Enfin, dans une troisième partie, passant de la pratique à la théorie, ils font rentrer ces diverses couches dans le cadre géologique connu.

Dans cette longue étude, ils ont découvert un terrain complétement nouveau, c'est ce qu'ils appellent le conglomérat de Cernay.

Tout semble faire admettre que cette masse a été produite par un vaste torrent qui, disloquant toutes les couches formées jusqu'à la craie, aurait constitué avec ses débris épars une masse des plus étranges et des plus accidentées.

Les marnes lacustres de Rilly, jusqu'ici uniquement observées à Rilly même, présentent à Berru un aspect tout particulier qui a permis aux auteurs du

X

mémoire de donner à l'étude de cette formation des développements nouveaux.

Chose bien digne de remarque, ce sont surtout ces marnes lacustres qui donnent à Berru des eaux assez abondantes pour, qu'à un moment donné, il y a plus de deux siècles, on ait songé à en doter notre ville.

Le goître s'était alors multiplié à Reims, peut-être sous l'influence de l'usage exclusif des eaux de puits, et la Faculté de médecine réclamait des eaux plus salubres.

Plus tard, lorsque les analyses de Lemery et du médecin Geoffroy eurent prouvé que les eaux de la Vesle, prises au-dessus de Reims, étaient aussi légères que celles de la Seine, ce premier projet fut abandonné, par suite de l'établissement des fontaines dues à la munificence de l'abbé Godinot.

Enfin, MM. André Eck et Aumonier ont signalé, sur les points les plus élevés de la montagne, des couches qui avaient passé complétement inaperçues jusqu'ici ; ainsi le calcaire de Saint-Ouen, les marnes à *Pholadomya ludensis*.

Leur travail présente donc un très-grand intérêt comme étude géologique d'une partie du pays de Reims.

A ce point de vue local, nous croyons devoir ajouter un point de vue général peut-être encore plus important, car les recherches de ces messieurs démontrent d'une façon péremptoire que les lois de la nature sont partout les mêmes, et que là où des recherches insuffisantes avaient fait croire à des exceptions, une étude convenable démontre que la nature, dans ses formations, ne s'écarte jamais des grands principes révélés par la science.

L'Académie a donc été d'avis de décerner une médaille d'or à chacun des auteurs de la notice sur la constitution géologique de la montagne de Berru.

NOTICE

SUR LA

CONSTITUTION GÉOLOGIQUE

DE LA

MONTAGNE DE BERRU

Par J.-M. AUMONIER et André ECK

MEMBRES DE LA SOCIÉTÉ GÉOLOGIQUE DE FRANCE

Mémoire couronné par l'Académie en 1870

INTRODUCTION

Au début de nos études géologiques dans les environs de Reims, la montagne de Berru avait tout particulièrement fixé notre attention. Sa position, la variété et la nature des terrains qui la constituent excitaient notre intérêt à plus d'un point de vue.

Les fréquentes excursions et les recherches minutieuses que nous y avons faites depuis ont pleinement justifié nos pressentiments.

Parmi les différents terrains que nous y avons observés, les uns étaient inconnus aux environs de Reims, les autres n'avaient point été suffisamment étudiés et avaient passé inaperçus ; d'autres enfin, ainsi que les précédents, n'avaient point encore été signalés dans la montagne de Berru.

Dans le premier cas, nous citerons un conglomérat présentant une certaine analogie avec celui de Meudon, mais auquel cependant, eu égard aux caractères qui lui sont propres, nous avons cru devoir donner le nom de *Conglomérat de Cernay*.

Nous citerons dans le second cas : un niveau de lignite inférieur aux argiles à lignites proprement dites. Intercalé au milieu des marnes lacustres, ce niveau, que l'on remarque encore sur plusieurs autres points, n'existe le plus souvent qu'à l'état de rudiment ; tandis qu'à Berru il est parfaitement caractérisé par son aspect, sa composition et la nature de ses fossiles.

Enfin, nous citerons dans le troisième cas : les sables inférieurs du Soissonnais, les marnes lacustres, le calcaire de St-Ouen et les marnes à *Pholadomya ludensis*.

L'importance de ces divers terrains nous obligeait à publier le résultat de nos travaux : c'est cette modeste étude que nous avons aujourd'hui l'honneur de soumettre à l'appréciation des géologues et des personnes qui s'intéressent à cette science.

Dans cette notice, nous n'avons point la prétention de vouloir imposer nos idées ; nous nous attachons seulement à rendre compte des faits, et, pour montrer que telle est bien notre intention, nous l'avons divisée en trois parties :

1° *L'itinéraire*, où nous faisons parcourir au lecteur les points les plus importants et qui se prêtent le mieux aux observations.

2º *La partie descriptive*, où nous nous appliquons à décrire, avec exactitude, la nature des roches qui composent les différents terrains représentés à Berru.

3º *La partie théorique et hypothétique*, où, appuyés sur les données des deux premières parties, nous avons cherché à expliquer les faits que nous avions constatés.

En procédant ainsi, nous espérons donner à chaque lecteur une connaissance claire et exacte de la constitution géologique de la montagne de Berru, une connaissance débarrassée de toute hypothèse ; libre à lui, plus tard, s'il n'admet pas les nôtres, d'en créer de nouvelles.

Que l'on nous pardonne ces quelques lignes ; elles étaient nécessaires pour bien faire comprendre notre but et expliquer notre plan.

On nous pardonnera également toutes les imperfections de style : peut-être ne serons-nous pas toujours au niveau du sujet que nous traiterons ; mais nous avons surtout visé à la clarté, estimant que, si dans la science, on ne peut réunir à la fois la clarté et l'élégance, la clarté doit avoir le premier pas.

Quelques mots d'explication nous paraissent encore nécessaires pour préciser le sujet que nous voulons aborder.

Position. La montagne de Berru s'élève à 5 kilomètres à l'est de Reims et se trouve comprise entre les trois villages de Cernay à l'ouest, de Berru et de Nogent-l'Abbesse à l'est. Elle est bornée, au nord-ouest, par la ligne des Ardennes et la route nationale de Reims à Mézières ; au sud-ouest, par la ligne du Camp et la route nationale de Reims à Châlons-sur-Marne. La route de Reims à Vouziers la traverse à son extrémité nord-ouest.

L'absence de hautes montagnes aux environs de Reims a fait donner ce nom à ce qui n'est, en réalité, qu'un groupe de collines dont l'altitude ne dépasse point 267 mètres, et formant, par leur agglomération, un plateau entrecoupé de vallons et hérissé de monticules.

Historique. La montagne de Berru a été fort peu fréquentée par les géologues : les seules données que nous possédions sur sa constitution sont contenues dans la coupe générale prise par la Société Géologique, il y a une vingtaine d'années environ.

Cette coupe se résume ainsi :

Meulière.	Meulière de la Brie couronnant la montagne dont l'altitude est de 267 mètres.		
Sables supérieurs.	Sable jaunâtre,	10ᵐ	00
	Série de lits de sable et d'argile avec cailloux roulés,	5	00
Argiles à Lignites.	Argile noire,	1	30
	Sable et lits d'argile,	2	00
	Argile brune,	1	00
	Lignite,	0	40
	Argile noire avec cristaux prismatiques de chaux sulfatée,	1	00
	Lignite et argile.	5	00
	Couche caractérisée par *Cyrena tellinella, Cyrena cuneiformis, Melania inquinata, Melanopsis buccinoidea,*		

Partie recouverte.

Craie dont l'altitude absolue est de 210 mètres.

Quelle que soit la compétence de ses auteurs, cette coupe, on le comprendra facilement, devait présenter quelques lacunes. Une seule excursion, en effet, ne peut suffire pour déterminer exactement la constitution d'un pays que l'on voit pour la première fois et qui n'offre souvent que des équivalents des terrains de formation analogue.

La géologie, science d'observation par excellence, exige des recherches multipliées et la connaissance parfaite des lieux circonvoisins ; sinon, on risquera fort de laisser des lacunes dans ses travaux et de ne pas saisir tous les rapports des terrains représentés dans la contrée.

Pour arriver à un degré d'exactitude suffisante et ne rien omettre, il est essentiel de connaître parfaitement la localité que l'on veut étudier : le moindre accident du sol, le sentier le plus ignoré, la plus petite excavation doivent être visités ; car nous y puisons souvent d'utiles renseignements.

En présence de ces considérations, nous avons cru devoir, tout d'abord, familiariser le lecteur avec la topographie des lieux, en lui faisant parcourir l'itinéraire que nous avions suivi nous-mêmes.

—

PREMIÈRE PARTIE

ITINÉRAIRE GÉOLOGIQUE

DANS LA MONTAGNE DE BERRU.

En sortant de Reims par la porte de Cernay, la montagne de Berru s'élève devant nous, au milieu d'une vaste plaine crayeuse interrompue, çà et là, par quelques ondulations.

Sa position, cependant, n'est point tellement isolée que l'on ne voie encore les monticules crayeux qui, partant de la montagne, s'étendent au sud, dans la direction de Verzenay et viennent expirer sur le bord de la Vesle, en face du promontoire qui s'élève plus loin, sur l'autre bord, et supporte le moulin à vent de Verzenay.

Ces monticules, prolongement de la montagne de Berru, nous indiquent suffisamment qu'elle était reliée, primitivement, au terrain tertiaire de la rive gauche de la Vesle, et qu'elle en fut séparée par de puissants courants qui dénudèrent son pourtour et creusèrent le lit actuel de la Vesle.

A Cernay, village construit sur la craie, au pied de la montagne, nous voyons celle-ci s'élever brusquement jusqu'aux dépôts tertiaires dont l'affleurement se montre, à droite de la route de Reims à Vouziers, entre le moulin à vent et la tuilerie de Cernay.

Conglomérat de Cernay, premier dépôt situé sur la route de Reims à Vouziers.

Cet affleurement, visible sur le talus de la route, offre l'aspect d'un conglomérat composé de quatre couches de calcaire, alternant avec autant de couches de sable à gros grains.

Le contact avec la craie n'est point visible; mais, par des sondages, nous nous sommes assurés de sa présence à une profondeur de 1 mètre environ.

Ce conglomérat, dont l'épaisseur totale est d'environ 5 mètres, présente la coupe suivante :

Humus.

1	Série de lits de sable à gros grains et lits d'argile grisâtre et violacée sans fossiles.	1 m.	20
2	Lit interrompu de calcaire, avec empreinte végétale, visible à la partie moyenne du conglomérat,	0	50
3	Sable à gros grains, très-peu fossilifère,	0	20
4	Sable à gros grains, très-fossilifère (bi-valves). Cailloux roulés. A l'extrémité Est du conglomérat, ce sable est agglutiné par un ciment calcaire et forme un véritable banc de calcaire avec moules internes des mêmes bi-valves,	1	20
5	Banc formé de fragments de calcaire reliés entre eux par un ciment marneux. — *Fossiles turbinés,*	0	50
6	Sable à gros grains semblable au n° 4, mais un peu moins coquillier. — Cailloux roulés,	1	00
7	Banc formé de fragments de calcaire reliés par un ciment marneux. — *Fossiles turbinés,*	0	25
8	Sable à gros grains, analogue aux nᵒˢ 4 et 6, mais fort peu fossilifère,	1	00

Craie.

Toutes ces couches sont fortement inclinées à l'Est.

Partant de ce point, nous nous dirigeons au Sud, en côtoyant la montagne. Nous suivons, autant que possible, le niveau du conglomérat ; mais, sur ce versant recouvert d'une couche de diluvium et planté de vignes, nous ne remarquons aucune excavation qui puisse offrir de l'intérêt. Nous arrivons ainsi au lieudit les *Palettes*.

Ravin des Palettes. Conglomérat.

Sur le versant du monticule qui s'élève à droite du ravin de ce nom, nous constatons, en faisant une tranchée, les couches suivantes :

Humus.

1	Marnes jaunâtres renfermant quelques fragments d'un calcaire tendre.
2	Argiles grisâtres et violacées.
3	Sable à gros grains, fossilifère (bi-valves), parfois agglutiné par un ciment calcaire et traversé par quelques filons irréguliers d'argile violacée. Cailloux roulés. Equivalent des nos 1 et 4 du conglomérat précédent.
4	Banc irrégulier et souvent interrompu, formé de rognons, de fragments de calcaire et de sable soudés par un ciment marneux. Fossiles, coquilles bi-valves. Cailloux roulés. Equivalent du no 4 du conglomérat précédent.
5	Sable à gros grains, avec cailloux roulés et fragments de craie.

Craie.

L'épaisseur totale de ce dépôt est d'environ 3 mètres.

Poudingues et conglomérat situés sur le chemin de Cernay à Nogent.

En continuant notre itinéraire dans la même direction, c'est-à-dire au sud, nous atteignons le petit chemin conduisant de Cernay à Nogent.

Arrivés à la partie supérieure du chemin, nous constatons, en descendant, la série suivante :

Terrain recouvert.

Nos			
1	Rognons rouges ou concrétions calcaires agglutinées par un ciment marneux de même nature que les rognons.		
2	Alternances de lits de marnes jaunâtres, grisâtres, blanchâtres, bleuâtres, ou passant à ces différentes nuances sans former de lits réguliers.		
3	Poudingues calcaires avec rognons libres et disséminés à la partie inférieure,	0 m.	30
4	Argile grisâtre, ardoisée ou violacée,	1	00
5	Sable jaunâtre, ferrugineux, traversé par des lits d'argile grisâtre et violacée,	0	30
6	Sable à gros grains, pétri de tests de coquilles bivalves. — Quelques cailloux roulés,	2	00

Craie.

Sablière de Poterlot.

Nous apercevons à quelques mètres, à droite de ce chemin, une sablière ouverte sur le flanc de la colline. Cette sablière, dite de *Poterlot*, du nom de la personne qui l'exploitait autrefois, est abandonnée depuis quelques années. La partie supérieure de l'exploitation a glissé sur sa face inférieure ; aussi, sommes-nous obligés d'y faire pratiquer une tranchée, de la partie moyenne à la base, pour y relever la coupe suivante :

Humus.

Rognons rouges ou concrétions calcaires agglutinées et formant un banc interrompu, dont les interstices sont comblés par de la marne blanchâtre, jaunâtre, rougeâtre ou grisâtre, et par de l'argile violacée, le tout entremêlé et passant à ces différentes nuances sans former de lits réguliers,	1 m.	50
Marne jaune-blanchâtre, avec quelques rognons calcaires disséminés et de même nature.	1	80
Sable gris-jaunâtre, légèrement rosé, traversé, à la partie inférieure, par des lits de sable ferrugineux ; à la partie moyenne, par des filons de sable blanc, et à la partie supérieure, par des lits irréguliers de sable jaune ferrugineux,	2	00

Filon de lignite terreux.

Sable gris noirâtre, siliceux,	0	10
Grès ferrugineux ou sable agglutiné par l'oxyde de fer,	0	03

Filon de marne jaune.

Argile gris-ardoisé, traversée, à la partie moyenne, par un lit irrégulier de sable argileux verdâtre. — Débris de lignite,	1	00
Sable jaune ferrugineux, traversé par quelques lits de sable gris argileux et quelques filons de sable blanc,	0	30
Sable blanc glauconieux,	4 à 5	00

Craie, visible un peu plus bas, dans le petit sentier.

De la sablière de *Poterlot* à la ferme de *Roussisson*, nous ne découvrons rien de remarquable.

Excavations derrière la ferme de Roussisson.

Près de la ferme de *Roussisson*, il existe deux excavations ; dans l'une, nous constatons :

Diluvium et terrain recouvert.	
Argile grisâtre.	
Sable à gros grains, avec quelques cailloux roulés et quelques débris d'ossements,	1 m. 00
Craie.	

Un peu plus loin, à un niveau inférieur et presque derrière la ferme, l'autre excavation nous offre :

Argile noirâtre.
Sable blanc maculé de taches jaunes.
Craie.

A l'est de la ferme de *Roussisson*, située dans une étroite vallée, la craie s'élève brusquement et forme un mamelon dont la partie supérieure est recouverte de tertiaire.

Conglomérat du Mont-Thabor.

Ce monticule, connu dans le pays sous le nom de *Mont-Thabor*, offre trois excavations.

Dans la première et la plus rapprochée de la ferme, nous constatons :

Humus et terrain recouvert.

Banc de sable à gros grains, traversé par plusieurs lits fort minces de marnes blanchâtres ou grisâtres. On y trouve des débris d'ossements, des cailloux roulés, des fragments de lignite et quelques tests de coquilles bi-valves, surtout à la base.

Craie.

A quelques mètres plus loin, au sud, une seconde excavation, ouverte à un niveau un peu supérieur, nous permet de prendre la coupe suivante :

Humus.

Marnes blanchâtres et rougeâtres, avec quelques rognons rouges, de même nature et disséminés.

Marne blanchâtre panachée de bleu et traversée par quelques filons d'argile grisâtre.

Série de lits d'argile grisâtre et de lits de sable jaune, à gros grains.

Banc de calcaire irrégulier et souvent interrompu, avec moules internes de bi-valves et cailloux roulés perforés par des térédines,   0 40

Sable à gros grains, renfermant une grande quantité de tests de coquilles bi-valves,   1 00

Craie.

Enfin, un peu plus loin, toujours au sud et à un niveau encore un peu supérieur à la précédente, une troisième excavation nous fournit la coupe suivante :

Humus.

Série de lits de sable à gros grains et de lits d'argile violacée.

Sable à gros grains, — sans fossiles.

Craie.

Les coupes de ces trois excavations, par leur différence de niveau, se complètent mutuellement, et l'on peut donner comme résultat :

	Marnes blanchâtres et rougeâtres, avec rognons rouges disséminés.
	Marne blanchâtre panachée de bleu et traversée par quelques filons d'argile grisâtre.
Correspondant au n° 1 du conglomérat situé sur la route de Reims à Vouziers.	Série de lits de sable jaune à gros grains et de lits d'argile grisâtre.
Correspondant au n° 3 du même conglomérat.	Sable à gros grains, — sans fossiles.
Correspondant au n° 4 du conglomérat précédent; aux n°° 3 et 4 du conglomérat des *Palettes* et au n° 6 du conglomérat situé sur le chemin de Cernay à Nogent.	Banc interrompu de calcaire, avec moules internes de bi-valves et cailloux roulés perforés par des térédines.
	Banc de sable à gros grains, avec tests de bi-valves et débris d'ossements.

Craie.

Le *Mont-Thabor* n'offre donc que la partie supérieure du conglomérat situé sur la route de Reims à Vouziers, moins cependant le banc de calcaire avec empreintes végétales, qui, nous l'avons dit, ne se remarque que sur ce point.

Poudingues de Montchard.

Au sud-est du chemin de Reims à Nogent-l'Abbesse et au sud de ce village, s'élève un monticule connu, dans le pays, sous le nom de *Montchard*, et séparé du groupe principal par une profonde vallée d'érosion.

En faisant l'ascension de ce mamelon, nous nous assurons que la craie s'élève aux deux tiers environ

de sa hauteur, et que la partie supérieure est recouverte de tertiaire.

Au lieu dit les *Brigaudes*, une suite d'excavations
nous permet de prendre la coupe suivante :

	Diluvium couronnant la montagne.
	Marnes blanchâtres et rougeâtres avec rognons rouges et blancs, de même nature que les marnes.
	Marnes blanchâtres panachées de jaune.
Équivalent du banc n° 3 du conglomérat situé sur le petit chemin de Cernay à Nogent.	Lit de calcaire à couches horizontales.
	Argile jaune et marne blanchâtre avec rognons calcaires ou nodules à couches concentriques, disséminés, 0 m. 40
	Sable à gros grains, avec cailloux roulés et traversés par des lits irréguliers d'argile violacée, 0 30
	Argile gris jaunâtre, avec fragments de lignite et d'argile à lignite, disséminés, 0 50
	Argile grisâtre, 0 30
	Série de lits de sable à gros grains et de lits d'argile grise, 0 50
	Sable jaunâtre à gros grains, — sans fossiles, 0 50
	Craie.

Sablière près de Nogent.

En regagnant le chemin de Reims à Nogent, nous
observons, à 200 mètres environ, à gauche du dit
chemin et sur le bord d'un sentier qui conduit dans
les vignes, une sablière située à un niveau bien infé-

rieur à celui qu'occupent les dépôts tertiaires du mont *Montchard.*

Cette sablière, qui repose sur la craie, comme on peut s'en assurer en descendant vers Nogent, présente un sable blanc impur et traversé par plusieurs lits de sable jaunâtre.

L'exploitation n'est pas assez considérable pour donner lieu à d'autres observations ; mais, en montant plus haut, du côté de la montagne, on retrouve çà et là les marnes blanchâtres panachées de jaune, et au-dessus, enfin, les rognons rouges dans des marnes de même nature.

Nogent-l'Abbesse.

De Nogent, construit sur la craie, on n'observe jusqu'à Berru, en suivant la route qui côtoie la montagne, que la craie dans les vallées, ou les sables inférieurs aux lignites sur le versant de la montagne : ceux-ci, bien développés au lieudit les *Fourches,* ont donné lieu à une exploitation ouverte à gauche dudit chemin.

Sablière des Fourches.

Cette sablière offre un facies un peu différent, selon le point sur lequel on la considère.

Cependant, à la partie supérieure, on trouve un mélange d'argile grisâtre, jaune-foncé ou ardoisée, et de marnes blanchâtres et rougeâtres, alternant avec des lits de sable à leur partie inférieure ; mais tout ce banc est remanié.

A la partie moyenne, c'est un sable jaunâtre un peu glauconieux.

Enfin, à la partie inférieure, on trouve : sable blanc maculé de taches jaunes et traversé par des filons irréguliers de sable ferrugineux. Cette sablière offre de nombreuses empreintes de fossiles. Mais ces empreintes sont mieux conservées et plus nettes sur les veines de sable jaune ; c'est-à-dire, là où le sable est un peu durci par l'oxyde de fer. Parmi ces empreintes, d'une conservation trop imparfaite pour être recueillies, nous remarquons : un *cardium* (1), un *fusus* et plusieurs *pectunculus*. Enfin, on trouve, disséminés dans toute l'épaisseur des sables, quelques cailloux roulés siliceux.

Berru.

En quittant cette sablière, nous arrivons à Berru, village construit sur la craie, au pied du mamelon qui supporte le moulin à vent.

Montagne des Cabouzets.

Ce mamelon, dit montagne des *Cabouzets*, est recouvert d'une couche de diluvium avec nombreux fragments de meulière. L'abondance de ces débris de meulière est telle, qu'elle donne lieu à une exploitation sur le sommet même du mamelon. L'épaisseur du diluvium, sur ce point, est d'environ 3 mètres ; il repose sur les sables inférieurs aux lignites.

Sablière de Chivru.

Ceux-ci s'observent facilement dans une sablière ouverte sur le versant septentrional de la montagne

---

(1) Cardium hemistriatum.

des *Cabouzets*. Nous y constatons, au-dessous d'une couche de diluvium avec débris de meulière, un banc de sable blanc-jaunâtre traversé, à la partie supérieure, par un lit de sable rose, et dans le reste de sa masse, par plusieurs filons de sable ferrugineux.

Au-dessous, le sable devient plus blanc, quoiqu'il soit encore, sur certains points, maculé de taches jaunes et traversé, à sa partie moyenne, par un banc de sable glauconieux.

L'épaisseur totale de ces sables est d'environ 8 à 10 mètres. La craie sur laquelle ils reposent est visible à l'entrée de l'exploitation et forme le fond de la vallée comprise entre ce point et le bois de Witry.

Sablière de Witry.

En nous dirigeant au sud-ouest et suivant la limite des deux communes de Berru et de Witry, nous arrivons à la sablière dite *de Witry*.

Cette sablière offre, à sa partie supérieure, un dépôt de diluvium avec débris de meulière ; à sa partie moyenne, un banc de sable blanc-jaunâtre, parfois grisâtre et légèrement agglutiné à la partie supérieure ; enfin, à sa partie inférieure, un banc de sable blanc glauconieux.

La coloration du sable en jaune-grisâtre est évidemment due à son contact immédiat avec le dépôt de diluvium.

Ces sables reposent sur la craie qui forme, plus loin, une vallée large, mais peu profonde.

2

Sablière de Charmas et de Crépy.

Nous nous dirigeons vers le lieudit les *Côtes*, et nous observons, sur plusieurs points du versant de la montagne, la présence de sables blancs plus ou moins purs. Ils sont surtout visibles aux deux sablières, l'une dite de *Charmas* et l'autre de *Crépy*.

Les Côtes.

Nous arrivons aux *Côtes* : on donne ce nom à une colline qui se détache au nord-ouest du groupe principal formant la montagne de Berru. Cette colline, ayant été légèrement dénudée à sa partie moyenne, paraît former deux monticules. C'est dans cette dénudation que nous trouvons, adossée au deuxième mamelon, une excavation qui nous présente la coupe suivante :

Diluvium.

Argile noirâtre et jaunâtre traversée par des lits de sable ferrugineux.	
Sable jaune, renfermant une très-grande quantité de tests, de bi-valves, de débris d'ossements et de fragments de lignite,	0 m. 50
Sable blanc glauconieux,	5 00

Craie visible au pied du monticule.

Tuilerie de Cernay.

La tuilerie de Cernay, où nous nous rendons, est construite sur des marnes blanchâtres panachées de jaune et pétries de petits rognons d'un calcaire tendre de même composition qu'elles. Le puits de la tuilerie est creusé dans ces marnes et repose sur les

marnes rougeâtres avec gros rognons rouges signalés déjà sur différents points de la montagne.

Sentier derrière la Tuilerie.

Nous retrouvons, en effet, ces rognons en quittant
la tuilerie, pour nous diriger vers la sablière exploitée par elle. Le petit sentier que nous suivons
nous laisse observer, au-dessous de ces rognons
rouges :

Marne blanc-bleuâtre, panachée de jaune et renfermant quelques
    rognons blanchâtres de même nature ; à la partie inférieure,
    ces rognons changent d'aspect et de nature : ils se présentent
    sous forme de rognons mamelonés d'un calcaire gris noirâtre
    ou jaunâtre avec quelques fossiles appartenant aux genres
    Paludine, Lymnée et *Cyclas.*

Argile grise, appelés *glaise* par les ouvriers,	1 m.	00
Sable jaune, appelée *roux* par les ouvriers, débris d'ossements,	0	80
Argile noirâtre lignitifère,	1	00
Sable jaune fossilifère,	0	30
Sable blanc, un peu glauconieux,	4 à 5	00
Sable rose,	0	15
Sable jaune, agglutiné par l'oxyde de fer,	0	10

Craie.

Sablière de la Tuilerie de Cernay.

A la sablière de la tuilerie, nous constatons :

Humus et diluvium.

Argile grisâtre et violacée, feuilletée, employée pour la fabrication des briques,	1 m. 50
Sable jaune, ferrugineux, fossilifère, traversé par quelques lits d'argile grisâtre,	0 20
Sable grisâtre lignitifère,	0 . 20
Sable blanc, un peu glauconieux,	5 00

Craie visible plus loin.

Ancienne cendrière, à gauche de la route de Reims à Vouziers.

On exploitait autrefois, à quelques mètres de cette sablière, de l'argile lignitifère fournie par le banc d'argile grisâtre que nous avons vu être toujours supérieur au banc de sable blanc.

Cette argile lignitifère consistait en argile charbonneuse traversée par plusieurs filons de lignite pur et présentait, dans sa partie la plus riche, une épaisseur d'environ 50 centimètres.

Dans le banc de sable jaune, connu par les ouvriers sous le nom de *roux* et supérieur au banc d'argile lignitifère précédent, les ouvriers ont trouvé, à sa partie inférieure, et en contact avec le banc d'argile, de nombreux ossements de formes et de dimensions variables, des dents et un squelette entier de crocodile.

Cette exploitation, abandonnée depuis plusieurs années, est complétement masquée par les décombres et la végétation ; la description que nous en donnons nous est fournie par M. Mauroy, tuilier, à qui appartenait ladite exploitation.

Les renseignements qu'il nous communique concordant parfaitement avec nos propres observations, nous ne croyons pas devoir les omettre. La description qu'il nous fait du squelette trouvé dans le banc de sable jaune ne nous laisse aucun doute sur la nature de l'animal auquel il appartient. Enfin, les dents de crocodile que nous avons recueillies nous-mêmes ne nous laissent aucun doute.

Un peu plus loin, du côté de la route, une petite excavation nous permet encore de constater la présence des rognons de calcaire gris-noirâtre dont il a déjà été fait mention ; ces rognons sont disséminés à la partie inférieure de marnes blanches et jaunâtres.

Nous sommes à quelques pas de la route de Reims à Vouziers. Revenus au point de départ, après avoir fait le tour de la montagne, il nous reste à parcourir son centre. Nous prions le lecteur de vouloir bien encore nous accompagner.

Au-dessus du conglomérat, d'où nous repartons de nouveau, le sol recouvert ne laisse pas voir, sur ce point, les couches qui forment sa partie supérieure.

Mais un peu plus haut, en nous dirigeant au sud-est, vers la petite cendrière (1) dépendant de la tuilerie de Cernay, nous remarquons, soit dans les fossés de la route, soit dans les champs incultes qui s'étendent à droite, la présence de marnes blanchâtres panachées de jaune.

Ces marnes renferment, surtout à leur partie inférieure, c'est-à-dire au niveau de la route, des rognons d'un calcaire tendre, blanchâtre ou jaunâtre.

______

(1) C'est le nom donné, dans toute la contrée, aux exploitations d'argiles à lignites.

Cendrière de la tuilerie de Cernay.

La cendrière de la tuilerie, où nous arrivons, présente la coupe suivante :

Diluvium et décombres.

Sable blanc-grisâtre, traversé par des veines de sable jaune et présentant, disséminés dans sa masse, des nodules de sable ferrugineux légèrement agglutiné,	1 m.	00
Argile jaunâtre et grisâtre, parcourue à sa partie supérieure par des filets irréguliers de sable blanc, (Banc exploité pour la tuilerie.)	1	20
Sable argileux gris-jaunâtre, très-fossilifère : *Cerithium variabile* et *C. turris* Desh. — *Melania inquinata,* Defr. — *Melanopsis buccinoïdes,* Féruss. — *Cyrena cuneiformis, inquinata, antiqua* et *Tellinella,* Féruss. — Fragment de valve appartenant à l'*Ostrea Bellovacina,* Lamarck,	0	40
Sable jaunâtre, panaché de blanc et de jaune,	1	00
Argile grisâtre, pétrie d'huîtres agglutinées, *Ostrea Sparnacencis,* Defr.,	0	15
Sable argileux, jaunâtre,	0	05
Lignite terreux pur,	0	50

L'exploitation s'arrêtant à ce niveau, les renseignements suivants nous sont fournis par M. Mauroy :

Argile jaunâtre et grisâtre,	0 m.	60
Argile noirâtre avec nombreux cristaux de gypse,	0	50

Argile verdâtre avec quelques rognons de fer sulfuré.

Partie recouverte occupée, très-probablement, par les marnes blanchâtres et jaunâtres que nous avons constatées en montant à cette cendrière.

Cendrière de l'Etoile.

Les argiles à lignites sont fort peu développées sur ce point, ainsi qu'il est facile de s'en convaincre par la coupe précédente. — Il en est de même à l'ancienne exploitation située derrière le tir à la cible. — Cette cendrière, dite de l'*Etoile*, est abandonnée puis longtemps et recouverte de décombres.

Nous n'y remarquons que la présence de sables jaunes supérieurs aux lignites et, parmi les décombres, des valves d'huîtres appartenant à l'*Ostrea Bellovacina*, Lamk.

Cendrière du Trou-de-l'Enfer.

En nous dirigeant vers le mamelon le plus élevé de la montagne et connu, dans le pays, sous le nom de *Point-de-Vue*, nous rencontrons, à droite, la cendrière appelée le *Trou-de-l'Enfer*.

Dans cette exploitation, abandonnée depuis 10 ou 12 ans, nous ne pouvons que constater la présence de sables supérieurs aux lignites.

Ces sables ont ici une épaisseur d'environ 10 mètres ; ils sont d'une couleur jaune, et agglutinés, à leur partie inférieure, par un ciment ferrugineux. Le banc ainsi formé est d'épaisseur variable.

Près de cette cendrière, on exploite, actuellement, de la meulière disséminée dans des marnes argileuses, grisâtres, panachées de vert. A première vue, on croirait que ce dépôt, qui repose sur les sables supérieurs aux lignites, s'est formé sur place ; mais il n'en est rien : il a été simplement entraîné de plus haut, avec une partie de ses marnes.

Cendrière du Soleil-d'Or.

Nous arrivons bientôt à la cendrière la plus importante de la montagne de Berru. Adossée au pied du mamelon principal, au lieudit les *Saussettes*, cette cendrière, connue sous le nom de cendrière du *Soleil-d'Or*, nous offre, avec les sables qui lui sont supérieurs, la coupe suivante :

Humus.		
Sable jaunâtre, fin et parfois très-légèrement aggluтiné,	3 m.	00
Sable janne-grisâtre, traversé par des veinules de sable plus foncé et des filons d'argile jaunâtre et grisâtre. A la partie inférieure de ce banc, on trouve, sur certains points, un lit de gré ferrugineux,	2	00
Sable blanchâtre, traversé par des lits de sable lignitifère un peu argileux,	1	00
Lit de cailloux roulés.		
Série de lits d'argile grisâtre et de lits de sable gris-jaunâtre ou verdâtre,	1	00
Sable blanchâtre ou jaunâtre, passant indistinctement à ces deux nuances,	1	00
Argile grisâtre, feuilletée, traversée à la partie inférieure par un lit de sable verdâtre,	1	20
Lignite pur,	0	10
Argile lignitifère,	0	25
Argile grisâtre sableuse,	0	20
Lignite pur, appelé *rocle* par les ouvriers,	0	35
Argile grisâtre, traversé au milieu et à la partie inférieure par deux lits de sable verdâtre,	1	20
Lignite pur, ou *rocle*,	0	20
Argile lignitifère,	0	35
Lignite pur,	0	
Argile et sable grisâtre,	0	15

L'exploitation s'arrêtant à ce dernier banc, les renseignements qui nous servent à compléter cette coupe nous sont fournis par les ouvriers.

Argile gris-clair, dite *glaise blanche* par les ouvriers,	1 m.	30
Sable jaune,	2	50
Argile gris-noirâtre avec fossiles appartenant au genre *cerithium*,	0	15
Argile lignitifère,	1	00
Argile grisâtre,	1	30

Partie recouverte.

Telles sont les différentes couches qui constituent cette cendrière ; nous ne garantissons pas la parfaite exactitude des dernières, n'ayant pu les observer nous-mêmes : elles nous ont été décrites par le propriétaire de la cendrière, M. Prosper Mérot.

Si, maintenant, nous nous dirigions vers la ferme de *Roussisson*, nous constaterions, dans la vallée qui prend naissance au pied de cette cendrière, la présence de marnes blanchâtres panachées de jaune, de marnes rougeâtres avec rognons de même nature, et nous arriverions ainsi au banc d'argile noirâtre placé à la partie supérieure des excavations décrites précédemment.

Mais il ne faudrait pas attacher d'importance aux sables blanc-jaunâtre qui proviennent de la partie supérieure de l'exploitation et s'étendent quelquefois assez loin ; ces sables ont été entraînés par les eaux pluviales et les vents, des divers points où on les avait primitivement déposés comme décombres.

Point-de-Vue.

Nous faisons l'ascension du *Point-de-Vue* et nous remarquons, jusqu'aux deux tiers de sa hauteur, la présence des sables supérieurs aux lignites.

Le sommet du mamelon offre plusieurs excavations, d'où l'on a retiré du calcaire et de la meulière. Le calcaire appartient à deux terrains différents : au calcaire de Saint-Ouen et aux marnes à *Pholadomya ludencis* ou marnes fluvio-marines inférieures au gypse.

On l'exploite, comme à Ludes, pour la fabrication de la pierre à chaux.

Ces excavations, en partie comblées, ne laissent apercevoir que la meulière dans ses marnes ; mais à l'aide des renseignements qui nous sont donnés par les ouvriers, nous arrivons à la coupe suivante :

Humus.

Meulières de la Brie disséminées dans des marnes blanchâtres, jaunâtres et verdâtres.

Calcaire marin à *Pholadomya ludensis*.

Calcaire d'eau douce ou de Saint-Ouen avec *Lymnées* et *Paludines*.

Marnes blanchâtres, devenant verdâtres à la partie inférieure.

Sables supérieurs aux lignites.

Cendrière des Caves.

Au pied de ce mamelon, nous trouvons, au nord, la cendrière dite les *Caves*, exploitée depuis longues années.

Cette cendrière présente la coupe suivante :

Humus.

Sable jaune, traversé à la partie supérieure par de petits lits de sable blanchâtre,	5 m.	00
Lit de grés,	0	05
Sable blanc-jaunâtre, traversé par des filons d'argile,	1	25
Sable argileux avec quelques cailloux roulés,	0	15
Argile grisâtre et jaunâtre,	1	20
Sable blanchâtre,	1	50
Sable argileux,	0	15
Lignite pur,	0	15
Argile grisâtre et jaunâtre,	0	20
Lignite pur,	0	60
Argile noirâtre,	0	25

Série de lits de lignite et de lits d'argile à lignite.
Partie recouverte.

Cendrière des Rosières.

A quelques mètres de cette cendrière, il en existe une autre qui est abandonnée depuis longtemps. et connue sous le nom de cendrière des *Rosières*.

Cendrières des Malaux et des Tanières.

La cendrière des *Caves*, et surtout celle des *Saus-selles*, sont actuellement les seules exploitées ; les autres sont abandonnées depuis plusieurs années. Dans ce nombre, nous citerons, pour ne rien omet-tre, la cendrière des *Malaux* et celle des *Tanières*.

Cendrière des Croque-Morts.

Il existe encore, près de Nogent, une cendrière

dite les *Croque-Morts*, où l'on n'exploite que les sables argileux, supérieurs aux bancs d'argiles à lignites ; cette cendrière n'offre rien de remarquable.

En suivant le chemin qui, de la cendrière des *Caves*, descend vers Berru, nous constatons, dans les fossés ravinés qui le bordent, la présence des marnes blanchâtres et jaunâtres, et enfin les rognons rouges. La cendrière des *Caves*, de même que toutes celles décrites précédemment, repose donc sur les mêmes marnes.

A droite de ce chemin, nous remarquons plusieurs exploitations de meulière ; cette meulière existe à l'état de diluvium et a été entraînée du sommet de la montagne.

Exploitation des Ruelles.

Au lieudit les *Ruelles*, nous retrouvons encore une exploitation de même nature.

Sablière de Châtivilain.

Près de ce point, existe une sablière, dite de *Châtivilain*, où nous relevons la coupe suivante :

Diluvium avec meulière disséminée.

Sable jaune ferrugineux, traversé par des lits d'argile bleuâtre,	0 m.	30
Lit de grés ferrugineux.		
Sable jaune,	0	10
Argile adoisée,	0	20
Sable blanc, grisâtre à la partie supérieure, glauconieux à la partie moyenne et un peu rosé à la base,	2	00
Sable blanc pur, avec empreintes de fossiles,	6	00
Sable rouge brique, devenant jaune au contact de la craie.		

Craie.

Exploitation des Clausiaux.

Un peu plus loin, au lieu dit les *Clausiaux*, nous remarquons une nouvelle exploitation de meulière à l'état de diluvium.

Cette exploitation nous fournit la coupe suivante :

Humus.

Diluvium brun, un peu plastique,	0 m.	80
Diluvium grisâtre, un peu aggluliné, nombreux osse- ments,	2	00

Diluvium brun avec nombreux fragments de meulière.
Terrain recouvert.

Près de Berru, il existe une exploitation analogue, où l'on trouve également une grande quantité d'ossements.

Sablière de la Nau-du-Roi.

A gauche de la route de Berru à Cernay, sont ouvertes plusieurs sablières, tout-à-fait identiques les unes aux autres ; la plus importante est celle de la *Nau-du-Roi*, dont la coupe suit :

Humus.

Argile noirâtre, traversée par des filons de sable jaune. Sable jaune,	0 m.	20
Sable blanchâtre, avec cailloux roulés,	1	00
Sable blanc-grisâtre, à gros grains cristallisés,	0	30
Sable blanc, à peu près pur,	0	80
Sable blanc, glauconieux,	1	50
Sable blanc, un peu glauconieux, avec empreintes de fossiles,	3	00
Sable blanc, pur,	2	00
Sable rosé, devenant jaune à son contact avec la craie,	0	70

Craie.

Plus loin, et toujours à gauche de la même route, un champ inculte et raviné nous donne toute la succession des couches comprises entre les sables inférieurs aux lignites et les argiles à lignites elles-mêmes. Ces couches ressemblent à toutes celles que nous avons vues jusqu'ici. Nous arrivons ainsi à la partie supérieure du champ et en face de la tuilerie de Cernay.

Notre itinéraire est terminé ; nous passerons maintenant à la partie descriptive.

DEUXIÈME PARTIE.

———

En réunissant les différents renseignements fournis par les coupes précédentes, nous arriverons ainsi à reconstituer toute la série des couches qui forment la montagne de Berru. L'étude de chacune de ces couches nous conduira nécessairement à la classer dans le terrain auquel elle doit appartenir.

Nous prions le lecteur de vouloir bien encore nous suivre dans cette suite de descriptions. Nous les rendrons aussi claires que possible ; mais les conséquences que nous en tirerons plus tard nous engagent à n'omettre aucun détail important.

Pour faciliter l'étude de la coupe suivante, nous avons cru devoir mettre en regard de chaque terrain, et même de chaque couche, le nom de la localité où on l'observe le plus facilement.

COUPE GÉNÉRALE DE LA MONTAGNE DE BERRU

Avec les Couches qui la constituent

		ÉPAISSEURS. m. c. m. c.	LOCALITÉS.
	Diluvium.	0.50 à 5.00	Sur plusieurs points de la montagne.
1	Meulières de la Brie dans leurs glaises.	2.00	
2	Calcaire marin à *Pholadomya ludensis.*		
3	Calcaire d'eau douce, avec *Lymnées* et *Paludines* (calcaire de St-Ouen.)		Mamelon dit le *Point-de-Vue.*
4	Marnes blanchâtres, devenant verdâtres à la partie inférieure.		
5	Sable blanchâtre.		
6	Sables jaunâtres, très-légèrement agglutinés.	3.00	Cendrières des *Saussettes,* des *Caves,* du *Trou-de-l'Enfer.*
7	Sable jaune-grisâtre, traversé par des veinules d'argile gris-clair ou parfois agglutiné à sa partie inférieure.	2.00	Cendrières des *Saussettes,* des *Caves,* du *Trou-de-l'Enfer,* de l'*Étoile.*
8	Sable blanchâtre traversé par des lits de sable lignitifère.	1.00	Cendrières des *Saussettes,* des *Caves,* du *Trou-de-l'Enfer.*
9	Lits de cailloux roulés.		Cendrières des *Saussettes,* des *Caves.*
10	Série de lits d'argile grisâtre et de lits de sable gris-jaunâtre et verdâtre.	1.00	Cendrières des *Saussettes,* des *Caves.*
11	Sable jaunâtre ou blanchâtre.	1.00	Cendrières des *Saussettes,* des *Caves,* de la *Tuilerie de Cernay.*
12	Argile gris-jaunâtre, feuilletée.	1.20	
13	Sable argileux gris-jaunâtre fossilifère (*Cyrena-Ostrea-Cerithium-Melanopsis.*)	0.40	
14	Sable grisâtre.	1.00	Cendrière de la *Tuilerie de Cernay.*
15	Argile gris-noirâtre fossilifère.	0.15	
16	Sable argileux jaunâtre.	0.05	
17	Lignite pur.	0.10 à 0.50	Cendrières des *Saussettes,* des *Caves,* de la *Tuilerie de Cernay.*
18	Argile lignitifère.	0.25	
19	Argile grise, sableuse.	0.20	
20	Lignite pur.	0.35	
21	Argile grisâtre et sable vert.	1.00	Cendrières des *Saussettes,* des *Caves.*
22	Lignite pur.	0.20	
23	Argile lignitifère.	0.30	

		ÉPAISSEURS.	LOCALITÉS.
24	Lignite pur.	0.35	Cendrières des *Saussettes*, des *Caves*.
25	Argile et sable grisâtres.	0.15	
26	Argile gris-clair.	1.30	
27	Sable jaune.	2.50	Cendrières des *Saussettes* : renseignements fournis par les ouvriers
28	Argile gris-noirâtre, avec fossiles (*Cerithium*.)	0.15	
29	Argile grisâtre.	1.30	
30	Marnes blanchâtres panachées de jaune, avec rognons de calcaire tendre.	6.00 à 8.00	
31	Marnes blanchâtres ou rougeâtres, avec rognons rouges.	1.00	Sur plusieurs points de la montagne.
32	Marnes blanchâtres et jaunâtres, avec rognons jaunes et noirs.	1.00	
33	Argile grisâtre ou violacée.	0.50 à 1.00	
34	Sable jaune, avec ossements, appelé *roux* par les ouvriers.	0.50 à 2.00	*Tuilerie de Cernay*, etc.
35	Argile lignitifère.	0.50 à 1.00	*Tuilerie de Cernay*, sablière *Porterlot*.
36	Sable jaune, ferrugin. et fossilif., traversé par des lits d'argile grisâtre.	0.20 à 0.50	*Tuilerie de Cernay*, les *Côtes*, etc.
37	Sable blanc-grisâtre.	0.20 à 0.30	*Tuilerie de Cernay*, les *Côtes*, la *Nau-du-Roi*.

		ÉPAISSEURS.	LOCALITÉS.
38	Sable blanc, pur, glauconieux, parfois traversé par des lits de sable ferrugineux ou coloré à sa partie supérieure. Empreintes de fossiles.	5.00 à 8.00	Dans toutes les sablières.
39	Sable rose ou rouge-brique.	0.10 à 0.20	À peu près dans toutes les sablières.
40	Sable jaune, agglutiné ou non par l'oxyde de fer.	0.10	
41	Poudingues calcaires, avec ou sans rognons libres.	0.25 à 0.30	Chemin de Cernay à Nogent, mont Montchard.
42	Série de lits de sable à gros grains et de lits d'argile violacée.	1.00 à 2.00	Sur tous les points où l'on remarque le conglomérat.
43	Lits de calcaire, avec empreintes végétales.	0.05	Cernay.
44	Sable jaune à gros grains.	0.20 à 0.80	Sur plusieurs points.
45	Sable à gros grains, friable ou agglutiné, fossilifère (bi-valves) ; débris d'ossements.	1.00 à 2.00	Cernay, — *Palette*, — *Thabor*, — *Roussisson*, chemin de Cernay à Nogent.
46	Conglomérat calcaire, avec fossiles turbinés.	0.50	
47	Sable à gros grains, avec tests de bi-valves et débris d'ossements.	0.50	Cernay.
48	Conglomérat calcaire, avec fossiles turbinés.	0.25	
49	Sable à gros grains, très-peu fossilifère.	1.00	

Craie.

Les premières couches de cette coupe présentant la plus grande analogie avec toutes celles qui leur correspondent dans les environs, nous les passerons rapidement en revue et nous nous étendrons surtout sur les couches inférieures ; étant les moins connues, leur description mérite un plus grand développement.

N° 1. — *Meulières de la Brie, dans leurs glaises.*

La pierre meulière de la montagne de Berru présente les quatre variétés suivantes :

1° Meulière compacte, très-dure, à cassure nette, luisante et cornée ; d'une couleur variant du jaune au brun plus ou moins foncé ;

2° Meulière compacte, dure, d'un blanc-jaunâtre, perforée de petites cavités tapissées de cristaux de quartz ;

3° Meulière blanche, poreuse, légère et se désagrégeant facilement en une poudre blanche qui surnage l'eau ;

4° Meulière celluleuse ; les cellules sont remplies de silice blanche pulvérulente ou de silice jaune compacte.

N° 2. — *Calcaire marin à Pholadomya ludensis.*

Calcaire d'un blanc mat, compacte, dur, cassant et présentant de nombreuses dendrites noirâtres. Ses principaux fossiles appartiennent aux genres *Pholadomya — Clavagella — Corbula — Psammobia — Arca — Voluta — Cerithium.*

Nᵒ 3. — *Calcaire d'eau douce ou calcaire de Saint-Ouen.*

Calcaire blanchâtre ou blanc-grisâtre, avec *Lymnœa longiscata* — *Planorbis rotundus* — *Paludina pusilla* — graines et tiges de *Chara medicagenula.*

Nᵒ 4. — *Marnes blanchâtres, devenant vertes à la partie inférieure.*

Ces marnes, que nous n'avons pu observer, mais qui nous ont été signalées par les ouvriers, appartiennent peut-être au calcaire d'eau douce qui leur est supérieur ; mais nous croyons plutôt qu'elles doivent être un rudiment du calcaire grossier supérieur (1) ; absolument comme à Verzenay, où ce terrain est représenté par une série de lits de marnes blanchâtres attenant avec des lits d'argile verte.

Nᵒˢ 5, 6, 7, 8, 9, 10, 11. — *Sables supérieurs aux argiles à lignites.*

Suivant la coupe donnée par la société géologique, cette série de couches représenterait les sables supérieurs du Soissonnais ou sables supérieurs aux lignites.

Malgré nos recherches, nous n'avons pu y découvrir aucun fossile ; ils ressemblent, en cela, aux sables des environs de Reims, le plus généralement, aussi,

(1) Par cette dénomination, nous entendons parler non du calcaire grossier proprement dit, mais des calcaires fragiles et crayeux, appelés *Caillasses,* que la plupart des géologues réunissent au calcaire grossier.

dépourvus de fossiles. Ils sont composés de grains de quartz hyalin ou opaque, avec quelques fragments de quartzite et quelques parcelles de mica.

Du n° 11 au n° 30. — *Argiles à lignites.*

La série des couches comprises entre le n° 11 et le n° 30, représente les argiles à lignites.

Les couches supérieures se présentant, dans toutes les cendrières, sous le même facies, on peut dire qu'elles se suivent ou se correspondent directement ; leur particularité la plus remarquable est qu'elles ne sont point partout fossilifères ; dans le plus grand nombre de cas même, elles sont dépourvues de fossiles ; puisque nous n'avons trouvé jusqu'ici qu'une seule cendrière qui en offrît à sa partie supérieure :

La cendrière de la tuilerie de Cernay.

Ce terrain se compose d'une série de bancs de lignite, alternant avec des bancs d'argile grise ou noire.

Le lignite, d'une plus ou moins grande pureté, appartient à la variété du lignite compacte terne et surtout à celle du lignite terreux ; il renferme une assez grande quantité de fer.

L'argile charbonneuse, interposée entre les bancs de lignite, est plus ou moins colorée, plus ou moins plastique, souvent sableuse, quelquefois feuilletée, et renferme presque toujours des cristaux prismatiques de chaux sulfatée ; on y trouve également quelques rognons de fer bi-sulfuré prismatique.

N° 30. — *Marnes blanchâtres, panachées de jaune, avec rognons de calcaire tendre.*

Ces marnes, généralement blanchâtres ou jaunâtres,

quelquefois bleuâtres ou verdâtres, sont presque toujours un peu argileuses. Elles ont une épaisseur de 6 à 8 mètres, et renferment, surtout à leur partie moyenne et à leur partie inférieure, un grand nombre de rognons de dimensions variables.

Ces rognons sont formés d'un calcaire blanc, fragile, tendre, à cassure rugueuse, souvent maculé par l'oxyde de fer ; leur composition chimique est analogue à celle des marnes dans lesquelles ils sont disséminés ; enfin, quelques-uns d'entre eux sont perforés sur différents points de leur surface.

Ces rognons ressemblent exactement à ceux que l'on remarque à la partie supérieure des marnes lacustres de Rilly ; les marnes elles-mêmes se rapprochent de celles de Rilly (partie supérieure), par leur composition chimique ; tandis que, par leur aspect, elles ont de l'analogie avec les marnes lacustres de Chenay, Toussicourt et Marzilly.

N° 31. — *Marnes blanchâtres ou rougeâtres avec rognons rouges.*

Ces marnes, généralement blanchâtres et surtout rougeâtres, passent souvent à plusieurs autres nuances ; elles ne diffèrent des précédentes que par leur coloration, leur plus grande quantité d'oxyde de fer et la nature particulière des rognons qu'elles renferment ; ceux-ci, en effet, formés, comme les premiers, d'un calcaire tendre, non cristallisé, à cassure rugueuse, sont généralement beaucoup plus gros et n'offrent jamais de perforations. Leur centre est coloré en rouge plus ou moins foncé, par du per-oxyde de fer, et cette coloration s'étend quelquefois jusqu'à la sur-

face ; mais, le plus généralement, cette surface, d'é-
paisseur variable, est blanche ou jaunâtre.

Ils offrent souvent, dans leur masse, des cristaux
de chaux carbonatée, disséminés, réunis en groupe
ou disposés en veinules.

Ces rognons, véritables concrétions calcaires, sont
irréguliers, mais paraissent vouloir se rapprocher de
la forme sphérique ; leur composition est analogue
à celle des marnes voisines ; ils n'en diffèrent que par
leur consistance. Quelquefois, ils sont disséminés au
milieu de ces marnes ; mais, le plus souvent, ils sont
réunis et agglutinés et forment un véritable banc
d'épaisseur variable.

N° 32. — *Marnes blanchâtres et jaunâtres avec
rognons jaunes et noirâtres.*

Par leur aspect et leur composition chimique, ces
marnes ressemblent exactement aux marnes N° 30 ;
elles en diffèrent par la nature de leurs rognons ;
ceux-ci offrent les trois variétés suivantes :

1° Rognons de grosseur variable, à surface rugueuse, formés de deux parties distinctes : d'un centre composé de sable jaune aggluliné par un ciment
calcaire, et d'une enveloppe formée de calcaire marneux jaune, quelquefois blanchâtre.

2° Rognons généralement plus gros que les précédents, formés d'un calcaire jaune, dur et à cassure
lisse ; ils présentent, disséminés dans leur masse, des
cristaux de chaux carbonatée ; leur surface est irré-
gulière, mamelonnée, souvent creusée de sillons
irréguliers qui leur donnent un aspect stalactiforme.

C'est surtout au mont *Montchard* qu'ils se présentent avec ces derniers caractères.

3º Rognons à surface mamelonnée, formés d'un calcaire gris-noirâtre, lourd, dur, à cassure nette ; ils présentent dans leur masse de très-petits cristaux de chaux carbonatée.

Quelques-uns de ces rognons renferment de petits fossiles, d'une extraction difficile, et par conséquent peu déterminables. Cependant, le plus grand nombre nous a paru appartenir aux genres : *Physa*, *Paludina*, *Cyclas*.

Cette dernière variété de rognons est, de beaucoup, la plus rare ; on ne la trouve que sur quelques points de la montagne. Enfin, parmi les échantillons que nous avons recueillis, les rognons sans fossiles sont beaucoup plus nombreux que les rognons fossilifères.

Examinons maintenant dans quel terrain nous devons classer les trois bancs de marnes ci-dessus décrits.

Couronnées par des argiles à lignites, assises sur des argiles lignitifères, croirait-on pouvoir en conclure que ces marnes appartiennent aux argiles à lignites ?

Nous ne le pensons point : nulle part on n'a vu un exemple semblable, et il serait difficile d'intercaler, sans preuve, un banc de marnes de plus de 10 mètres d'épaisseur au milieu des argiles à lignites.

Leur position est plutôt une preuve du contraire : au-dessous des argiles à lignites, ces marnes, il est vrai, reposent sur des argiles lignitifères ; mais ces argiles lignitifères n'appartiennent point aux argiles à lignites proprement dites, mais bien aux marnes lacustres elles-mêmes.

Plusieurs localités, dans les environs de Reims, offrent un exemple analogue, avec cette différence, que ces argiles lignitifères n'existent, le plus souvent, qu'à l'état de rudiment; mais leur présence n'en conserve pas moins sa valeur.

Comme exemple, nous ne citerons que Rilly-la-Montagne, localité bien connue dans le monde des géologues.

Si l'on examine, à Rilly, les marnes lacustres supérieures aux sables blancs, on voit qu'elles sont séparées en deux couches très-distinctes, par un banc d'argile noirâtre qui représente ici le niveau d'argile lignitifère que nous signalons à Berru. La partie supérieure des marnes, séparée par ce banc d'argile de la partie inférieure, n'en appartient pas moins aux marnes lacustres, et c'est précisément cette partie supérieure qui présente la plus grande analogie avec les marnes de Berru.

Nous en concluons donc, que, par leur position, leur aspect, leur composition chimique, la nature de leurs rognons et de leurs fossiles, et enfin, par l'analogie qu'elles présentent avec les couches qui leur correspondent dans les environs, ces marnes doivent nécessairement appartenir *aux marnes lacustres.*

Nº 33. — *Argile grisâtre ou violacée.*

Ce banc d'argile, d'une épaisseur moyenne de 80 centim., se remarque sur plusieurs points de la montagne; nous n'y avons jamais trouvé de fossiles.

N° 34. — *Sable jaune.*

Ce banc de sable, appelé *roux* par les ouvriers, est entièrement formé de grains de quartz hyalin, souvent recouverts par un enduit de fer hydroxidé. Ces grains, sont quelquefois assez gros pour que l'on puisse voir à l'œil nu qu'ils ont été roulés. L'épaisseur de ce banc est assez variable : près de la tuilerie de Cernay, il n'atteint que 50 cent.; à la sablière de *Poterlot,* il présente une épaisseur de 2 mètres.

Il renferme généralement une assez grande quantité de débris d'ossements ; à la sablière de *Poterlot,* il paraît en contenir fort peu, tandis que, près de la tuilerie de Cernay, il en renferme un grand nombre, parmi lesquels nous avons recueilli quelques dents de crocodile. Les autres débris d'ossements que nous avons à notre disposition sont indéterminables.

N° 35. — *Argile lignitifère.*

Ce banc, dont l'épaisseur est comprise entre 50 c. et 1 mètre, se présente sous différents aspects : quelquefois il est formé d'argile grise ou noirâtre traversée par plusieurs filons de lignite à peu près pur; mais le plus souvent il n'est formé que d'argile grise, avec fragments de lignite pur, disséminés dans sa masse.

N° 36. — *Sable jaune ferrugineux.*

Ce sable est formé de grains de quartz souillés par de l'oxyde de fer; il renferme, en outre, des particules d'argile grise, de petits fragments de calcaire et une très-grande quantité de débris de tests de mollusques. Mis en contact avec les acides, il fait effervescence : les débris de tests, les fragments de calcaire et l'oxyde de fer se dissolvent ; il reste un sable blanc analogue à celui qui se trouve au-dessous.

Ce banc de sable est généralement très-fossilifère ; il renferme une très-grande quantité de tests de mollusques bi-valves et de débris d'ossements ; mais les coquilles, toujours applaties par la pression et décomposées, sont peu déterminables ; les mieux conservées paraissent appartenir au genre *Cyrena*.

Parmi les ossements : les uns sont des fragments de vertèbres de poissons ; les autres, un peu applatis et légèrement arqués, présentent une certaine analogie avec des côtes ; d'autres enfin, et c'est le plus grand nombre, sont indéterminables.

Ce banc est souvent traversé par des lits irréguliers d'argile noirâtre et renferme un assez grand nombre de fragments de lignites.

Nous croyons inutile de nous étendre plus longuement sur les quatre couches précédentes : leur composition, leur aspect et la nature de leurs fossiles les distinguent nettement des marnes lacustres qui leur sont supérieures, ou des sables blancs qui leur sont inférieurs, et les rapprochent directement des argiles à lignites.

N° 37. — *Sable blanc-grisâtre.*

Ce sable est formé de gros grains de quartz hyalin, de formes irrégulières et presque toujours émoussés. Il renferme, en outre, quelques fragments de quart-

zite et des fragments de silex pyromaque. On trouve
souvent des cailloux roulés à sa partie supérieure.
Enfin nous n'y avons jamais remarqué aucune espèce
de fossiles.

Nº 38. — *Sable blanc fossilifère.*

Ce banc de sable, d'une épaisseur de 5 à 8 mètres,
se présente sous différents aspects, suivant les points
sur lesquels on l'observe. Quelquefois, il est maculé
de taches jaunes ou traversé par des veines de sable
jaune, comme à la sablière des *Fourches*, près de
Nogent ; d'autrefois, il est un peu rosé à la partie
supérieure, comme à la sablière de *Chivru* ou à celle
de *Châtivilain ;* mais, le plus souvent, il est d'un
blanc mat, plus ou moins glauconieux.

Ces sables sont généralement formés de grains de
quartz hyalin, quelquefois opaque ; ils renferment
aussi quelques particules de silice hydratée et quelques fragments de quartzite. Ils atteignent parfois un
très-grand degré de pureté ; nous citerons, comme
exemple, ceux que l'on voit à la sablière de la *Nau
du Roi*, presque à sa partie inférieure ; ces sables
sont à grains très-fins, doux au toucher, exclusivement formés de grains de quartz hyalin et ne présentent point ces particules opaques si abondantes
dans les sables de Chenay.

Par leur pureté et la régularité de leurs grains,
nous croyons que ces sables pourraient être employés
avantageusement dans la verrerie.

On trouve, disséminés dans toute la masse de ces
sables, des fossiles qui n'ont laissé que leurs em-

preintes, et celles-ci ne sont déterminables qu'autant qu'elles se trouvent au milieu de sables agglutinés par l'oxyde de fer.

Parmi ces empreintes, nous avons remarqué le *cardium Edwarsi*, quelques *fusus* et plusieurs *pectunculus*.

Nᵒˢ 39 et 40. — *Sable rosé. — Sable jaune agglutiné ou non par l'oxyde de fer.*

Ces deux couches ne diffèrent des précédentes que par la présence du fer qui les colore en rose, en rouge ou en jaune et les agglutine plus ou moins à leur partie inférieure.

Ces sables, par leur position et la nature de leurs fossiles, semblent devoir être classés tout naturellement dans la catégorie des sables inférieurs du Soissonnais ou sables de Bracheux. Nous leur conserverons cet ordre, en faisant remarquer toutefois qu'ils paraissent appartenir à une époque plus récente que les sables fossilifères de Châlons-sur-Vesle.

Nᵒ 41. — *Poudingues (1) calcaire, avec ou sans rognons libres.*

Les poudingues calcaires de la montagne de Berru se présentent sous deux aspects différents :

1° Les rognons sont soudés par un ciment calcaire et forment alors un véritable poudingue ;

(1) On désigne sous le nom de poudingues, des roches formées par la réunion de cailloux arrondis de nature diverse et qui sont agglutinés par un ciment terreux ou quelquefois cristallisé.

2o Les rognons sont libres, et le ciment calcaire qui les unissait, dans le premier cas, forme un véritable lit qui existe indépendamment de la présence des rognons.

La première variété se rencontre sur le petit chemin de Cernay à Nogent : ce poudingue, d'une épaisseur de 25 à 30 cent., est exclusivement formé de rognons plus ou moins régulièrement arrondis et dont le volume varie depuis celui d'un pois jusqu'à celui d'une tête d'enfant. Le ciment qui les unit est un calcaire grisâtre, dur, cassant, lourd, à cassure grenue et présentant quelques points cristallins.

Les rognons ou nodules sont toujours formés de couches concentriques, plus ou moins régulières et distinctes; ces couches, d'épaisseur variable, sont composées d'un calcaire analogue au ciment qui unit les rognons; quelquefois, pressées les unes contre les autres, elles ne se distinguent que par des lignes plus foncées ; d'autrefois, elles le sont beaucoup moins, ce qui donne aux rognons une apparence poreuse et contribue à sa légèreté. Dans ce dernier cas, les rognons, lorsqu'on les frappe, se divisent en couches concentriques ; dans le premier cas, au contraire, ils se cassent net.

Toutes ces couches rayonnent autour d'un centre commun, occupé par un noyau de nature variée : quelquefois c'est un silex pyromaque, souvent aussi un fragment de calcaire dur, cassant, gris ou brunâtre. Ces deux genres de noyaux sont de grosseur variable et plus ou moins roulés.

Parfois, mais rarement, les couches concentriques reproduisent les irrégularités du noyau central ; de telle façon que, par la forme extérieure du rognon ou nodule, on peut juger de la forme du noyau.

Ces rognons ne sont pas tous agglutinés ; quelques-uns sont libres et disséminés à la partie inférieure du banc de poudingue.

La seconde variété de poudingues se remarque au mont *Montchard* et se compose de rognons libres et de calcaire sans rognons.

Les rognons étant absolument identiques aux nodules décrits ci-dessus, nous les passerons sous silence.

Le calcaire qui leur est supérieur est formé de couches zonaires non concentriques, mais horizontales ; ces couches ou zones, plus ou moins plissées, mais toujours parallèles, sont très-rapprochées les unes des autres et ne se distinguent entre elles que par des teintes, variant du blanchâtre au gris-noirâtre. Ce calcaire est lourd, compact, dur, à cassure assez nette, gris-noirâtre, parfois blanchâtre ; il renferme dans sa masse quelques grains de fer sulfuré et de très-petits cristaux de chaux carbonatée.

Nous terminerons cette longue description en faisant remarquer que ces poudingues sont très-peu fossilifères : les seuls fossiles que nous ayons recueillis consistent en deux fragments de dents qui paraissent appartenir au genre *squale*.

N° 42. — *Série de lits de sable à gros grains et de lits d'argile violacée.*

Les sables sont jaune-grisâtre, un peu glauconieux ; composés, en grande partie, de fragments de calcaire arrondis et polis ; ils renferment aussi quelques grains de quartz hyalin et quelques cailloux roulés.

Ces lits de sable et ces lits d'argile sont complétement dépourvus de fossiles.

N° 43. — *Lit de calcaire avec empreintes végétales.*

Calcaire blanc-grisâtre, à grain fin, formant une couche mince, quelquefois légèrement ondulée.

Il renferme une quantité considérable d'empreintes végétales (feuilles et tiges), mais d'une conservation trop imparfaite pour être déterminables.

Dans quelques cas, mais assez rarement, la matière organique qui a formé ces empreintes existe encore dans le calcaire, à l'état de lignite tendre, pulvérulent, d'une couleur brune, s'allumant avec facilité ; mais brûlant sans flamme, comme le bois pourri, dont il a la couleur et l'aspect.

Ces débris végétaux et ces empreintes forment, dans la masse du calcaire, des méats suivant la direction desquels ce dernier se détache en fragments feuilletés.

On y trouve, en outre, quelques moules internes de bi-valves soudés au calcaire et en mauvais état de conservation, enfin des débris d'ossements intercalés au milieu du calcaire lui-même.

N° 44. — *Sables jaunes à gros grains.*

Ces sables ressemblent exactement à ceux qui ont été décrits au n° 42 ; ils ont une épaisseur très-variable. Lorsqu'ils sont en contact avec la craie, ils en renferment, à leur partie inférieure, quelques fragments plus ou moins roulés.

4

N° 45. — *Sables à gros grains, friables ou agglutinés, fossilifères.*

Ce banc constitue souvent à lui seul, en plusieurs endroits, la plus grande partie du conglomérat. Il est formé de sables à gros grains calcaires comme les précédents ; mais il renferme en outre une quantité considérable de tests de bi-valves ; ces tests, applatis et décomposés par la pression, sont complétement indéterminables. Ce banc est traversé par plusieurs filons d'argile noirâtre et renferme des fragments de lignite disséminés dans sa masse, ainsi qu'une grande quantité de cailloux roulés.

Ces sables, sur certains points, sont en partie agglutinés par un ciment calcaire ; dans ce cas, ils forment un véritable banc de calcaire, mais très-irrégulier dans son épaisseur et très-capricieux dans sa présence, car d'un point à un autre, il disparaît souvent complétement.

Le sable ainsi agglutiné paraît contenir une plus grande quantité de rognons et de cailloux roulés, et se présente alors sous la forme d'un calcaire grossier et imparfait, composé de fragments de calcaire émoussés, de cailloux roulés, de grains de sable, et enfin de rognons de nature variée ; le tout soudé et plus ou moins adhérent, mais toujours facile à diviser. Les bi-valves, dont on ne retrouve plus que les tests dans les sables, existent à l'état de moules internes dans le calcaire ou à sa surface ; quelquefois même, le moule est encore recouvert de son test ; mais celui-ci, excessivement mince et friable, se détache facilement.

Les rognons qui entrent dans la composition du calcaire ou se trouvent disséminés dans le sable, varient par leur forme, leur couleur et leur nature. Cependant, la plupart laissent voir, à leur intérieur, un calcaire gris-noirâtre, lourd, dur, un peu corné et marqué de lignes zonaires indiquant qu'il est formé de couches concentriques ; ces couches ont pour noyau central un petit caillou siliceux ou calcaire ou un fossile bi-valve dont le test seul est conservé.

Ces rognons sont souvent perforés par des térédines, dont le test blanchâtre, mince et fragile, est presque toujours conservé ; enfin, ils présentent également à leur surface des empreintes et des moules internes de bi-valves.

Parmi les bi-valves que renferme le calcaire, les uns paraissent appartenir aux *anodontes* ; d'autres se rapprochent du genre *unio* ; mais les uns et les autres sont si mal conservés, que l'on ne peut rien affirmer.

Les *térédines*, de la grosseur du petit doigt, sont irrégulièrement contournées et ont toutes leur syphon à la surface du rognon, qui se présente ainsi criblé de petites ouvertures.

Outre les précédents, on trouve souvent dans le calcaire, et surtout dans les sables, des débris d'ossements, des fragments de carapace de tortue, des dents de crocodile et de squale.

Nᵒ 46. — *Conglomérat calcaire avec fossiles turbinés.*

Ce banc est formé de plusieurs fragments de calcaire agglutinés par un ciment marneux.

La roche dominante est un calcaire blanc, un peu

grisâtre, à grain fin, à cassure lisse et nette, se
présentant souvent en fragments usés par le frottement
et dont le volume varie, depuis celui d'une noisette
jusqu'à celui du poing. Le reste de la roche se
compose de petits cailloux noirâtres siliceux ou calcaires. On trouve souvent, à la surface, des fragments
de calcaire, des empreintes végétales (tiges et feuilles),
des moules internes de bi-valves et d'uni-valves. Les
moules de bi-valves, presque toujours soudés au calcaire, sont tout-à-fait identiques à ceux qui ont été
décrits précédemment. Les moules d'uni-valves sont
le plus souvent libres et disséminés dans le conglomérat ; mais ils sont tellement usés qu'ils sont complétement indéterminables.

Enfin, ce banc renferme en outre des parcelles
de lignite, d'argile à lignite et quelques cailloux
roulés.

N° 47. — *Sables à gros grains, avec tests de bi-valves et débris d'ossements.*

Ce banc est analogue au n° 45, mais avec cette
différence que les sables qui le composent ne sont
jamais agglutinés.

Outre les bi-valves comprimés qui sont toujours
très-abondants, nous y avons trouvé un fragment
d'une petite mâchoire composé de quatre dents,
plusieurs fragments de carapace de tortue, des dents
de crocodile et beaucoup d'autres ossements indéterminables.

A la partie inférieure de ce banc de sable, on voit
plusieurs rognons de grosseur variable, d'un calcaire

blanc-grisâtre à grain fin, lisse, dur, homogène, à cassure nette ; quelques-uns ont été perforés par des tarets, d'autres ont à leur surface des empreintes végétales. Enfin, sur l'un d'eux, nous avons remarqué l'empreinte de la valve inférieure d'une huître.

N° 48. — *Conglomérat calcaire avec fossiles turbinés.*

Ce banc est analogue au n° 46, mais les fragments de calcaire qui le composent paraissent un peu plus gros. On y trouve également une grande quantité de moules internes turbinés.

N° 49. — *Sables à gros grains, très-peu fossilifères.*

Sables à gros grains, un peu glauconieux : ils présentent assez d'analogie avec les n°s 45 et 47 ; mais ils sont beaucoup moins fossilifères et renferment quelques rognons de craie, disséminés dans leur masse.

La variété des matériaux qui composent ces différentes couches, la nature de leurs fossiles et leur aspect, les classent directement dans l'ordre des conglomérats. Il serait difficile, en effet, de les assimiler à d'autres terrains ou de les confondre avec eux.

Nous sommes donc fixés sur la nature des différentes couches que nous venons de décrire. En groupant ces couches et les classant dans les divers terrains auxquels elles appartiennent, nous aurons, pour résultat final, une coupe représentant la succession de tous les terrains qui constituent la montagne de Berru.

COUPE GÉNÉRALE DE LA MONTAGNE DE BERRU AVEC LES TERRAINS
QUI LA CONSTITUENT.

Diluvium.

Meulières de la Brie dans leurs glaises.

Calcaire marin à *Pholadomya ludensis*.

Calcaire d'eau douce ou calcaire de Saint-Ouen.

Marnes argileuses blanchâtres et verdâtres.

Sables supérieurs du Soissonnais.

Argiles à lignite.

Marnes lacustres.

Argiles lignitifères et sables fossilifères.	Poudingues et conglomérat de Cernay.
Sables inférieurs du Soissonnais ou sables de Bracheux.	

Craie de Reims.

TROISIÈME PARTIE.

—

Pour terminer cette notice, il nous reste à rechercher à quel ordre de phénomène la montagne de Berru doit sa constitution et son aspect ; nous jetterons en même temps un rapide coup d'œil sur les différents phénomènes qui ont précédé, accompagné ou suivi, à chaque période de leurs formations, les divers terrains du bassin de Paris.

Après le dépôt de la craie, ou plutôt vers la fin de son dépôt, un mouvement ascensionnel de la masse crayeuse commença à se manifester à l'est, en s'étendant progressivement vers l'ouest.

Durant cette période, l'action prolongée des agents atmosphériques produisit, à la surface des parties émergées, un effet de durcissement qui se remarque encore sur plusieurs points des environs de Reims, notamment à Rilly, Verzenay et Trépail. La craie, ainsi durcie, a la même composition chimique que la craie tendre sous-jacente ; elle n'en diffère que par sa consistance et son aspect : généralement moins blanche que la craie tendre, elle est ordinairement perforée par des lithophages.

Le mouvement qui avait produit l'émersion de la craie, avait relevé la partie orientale du bassin, beaucoup plus que le bord occidental. En effet, à

Meudon, où l'on remarque les couches les plus récentes de la craie, celle-ci n'atteint qu'un niveau de 45 mètres ; tandis qu'à Reims, où l'on ne trouve que des couches bien antérieures, et par conséquent inférieures à celles de Meudon, elle atteint 140 mètres, 210 m. à Berru, et même 230 m. à Verzenay.

A ces premiers phénomènes, succédèrent d'immenses dénudations produites, selon toute apparence, par de puissants courants qui, érodant la surface de la craie, y creusèrent de larges sillons en déposant, sur différents points, des amas de silex ou des conglomérats de nature variée. Dès lors, la surface de la craie, primitivement horizontale, devint inégale et ondulée.

Sans parler de l'assise crétacée la plus récente, du calcaire pisolithique, dont l'existence, à l'extrémité est du bassin de Paris, n'est point prouvée, il n'est pas étonnant que nous ne retrouvions pas, à Berru, la craie durcie ; elle a été nécessairement dénudée par les courants, dont l'action s'est fait sentir sur une immense étendue.

Ces courants, dont la cause doit être attribuée à un affaissement du sol, se manifestèrent à différentes époques et furent le prélude de l'invasion de la mer tertiaire.

Cette invasion, venue du nord-est, gagna tout d'abord les parties les plus basses, où furent déposés les premiers sédiments tertiaires. Peu à peu, ces sédiments, qui n'étaient autres que les sables inférieurs du Soissonnais, s'étendirent sur une assez grande étendue et atteignirent ainsi, successivement, les parties les plus élevées de la craie, qu'elles couvrirent de sédiments, chaque fois plus récents.

C'est probablement ce qui eut lieu à Berru : son niveau le protégea d'abord contre les premiers effets de l'invasion, qui finit cependant par l'atteindre. L'épaisseur beaucoup moins considérable que présentent les sables que l'on y rencontre, et surtout l'époque beaucoup plus récente à laquelle ils paraissent appartenir, nous semblent deux preuves qui ont leur valeur.

A cette époque, la partie orientale du bassin dut se modifier : les dépôts qui jusqu'ici avaient été marins, devinrent lacustres ou fluviatiles, et constituèrent ce que l'on désigne maintenant sous le nom de marnes lacustres de Rilly:

Mais le lac dans lequel se formèrent ces dépôts, ne recouvrait point l'espace occupé maintenant par la montagne de Berru ; car on n'en retrouve de vestiges sur aucun point. Les fragments de calcaire et les fossiles que renferme le conglomérat de Cernay à sa partie inférieure paraissent en provenir, il est vrai; mais ils ont dû être entraînés par les courants qui dénudèrent les sables blancs et les remplacèrent par des matériaux différents.

Un phénomème quelconque vint modifier temporairement la nature de ces dépôts lacustres, sur différents points de l'espace où ils se formaient.

Si l'on considère : 1° le banc de sable jaune pétri de bi-valves, parmi lesquels le genre *cyrena* domine; 2° le banc d'argile à lignites ; 3° le banc de sable intercalé entre ce premier banc et le banc d'argile qui lui est supérieur ; si enfin on examine la nature des divers ossements trouvés dans ces dépôts, on se convaincra facilement que roches et fossiles diffèrent complétement des marnes lacustres inférieures ou des marnes lacustres supérieures.

Il est donc probable qu'un affluent d'eau douce, un fleuve, se répandit à l'extrémité est du lac précédent. Dans ce fleuve vivaient des mollusques, des poissons, des tortues et des crocodiles, dont on retrouve encore de nombreux ossements à Berru.

C'est immédiatement après cette époque que se forma le conglomérat de Cernay. Nous appuierons sur ce fait, que la cause qui le produisit fut tout-à-fait locale, ce conglomérat ne se remarquant sur aucun autre point de la contrée.

Il s'est formé de deux façons : 1° par voie de dénudation des sables inférieurs ; 2° par le simple remaniement des argiles lignitifères précédemment décrites.

Dans le premier cas, des courants partiels, ou mieux peut-être de véritables torrents, enlevèrent, sur certains points, les sables inférieurs, et dans les dépressions qui en résultèrent, furent déposés, pêle mêle, les sédiments entraînés par les torrents et les débris des terrains voisins qu'ils avaient bouleversés.

Ainsi peut s'expliquer la présence des différents matériaux qui composent le conglomérat de Cernay.

Les fragments de calcaire lacustre et les fossiles roulés (*hélices* et *physes?*) entraînés par le torrent, d'un point probablement peu éloigné, peut-être de Rilly même, formèrent les premières assises du conglomérat, sur lesquelles vinrent se déposer d'autres matériaux de formation plus récente et empruntés aux terrains voisins.

Ces terrains étaient, nous le savons, la couche de sable jaune pétri de coquilles bi-valves et d'ossements ;

le banc d'argile lignitifère et les sables ossifères intercalés entre les deux bancs d'argile. Il n'est donc pas étonnant que l'on retrouve dans ce conglomérat une quantité de tests de bi-valves et un assez grand nombre d'ossements, puisqu'ils abondent dans les terrains auxquels ils ont été empruntés.

De quelle direction sont arrivés ces torrents qui lacéraient ainsi, sur ce point, les premiers dépôts tertiaires? Nous ne saurions le dire ; mais il nous semble que, si l'on considère l'inclinaison du conglomérat de Cernay, qui coïncide ainsi parfaitement avec la direction de Rilly ; si l'on considère, en outre, le voisinage de cette dernière localité, ces différents faits semblent eux-mêmes fournir une réponse.

L'inégalité de la craie, résultat de dénudations antérieures, n'avait point permis aux sables inférieurs de se déposer sur tous les points de sa surface. Mais ceux d'entre eux qui ne furent point atteints par les sables, le furent par les marnes lacustres.

C'est ce qui se produisit à Berru : les monts *Thabor* et *Montchard*, par leur altitude, durent échapper au dépôt des sables inférieurs ; ils ne présentent, en outre, ni l'un ni l'autre, les assises inférieures du conglomérat de Cernay.

Le premier de ces deux mamelons n'offre que les couches moyennes du conglomérat, caractérisées par le calcaire à moules internes de bi-valves ; tandis que sur le second, encore un peu plus élevé, nous ne trouvons que la partie tout à fait supérieure, caractérisée par des alternances de lits d'argile et de lits de sable, et surtout par les poudingues calcaires.

Les nodules concrétionnés qui forment ces poudingues sont analogues à ceux que M. Hebert a signalés sur la route de Montchenot, mais d'une formation postérieure ; car quelques-uns des nodules de Montchenot ont, pour noyau central, une *physe*, une *paludine* ou une *hélice*, fossiles caractéristiques des marnes lacustres de Rilly.

A Berru, au contraire, les nodules des poudingues n'ont jamais de coquilles pour centre. Les seuls fossiles que l'on y trouve sont des dents et des ossements, toujours en nombre fort restreint.

Cette particularité, ainsi que leur position, indique clairement à quelle époque ils appartiennent : ils se sont formés après le dépôt de l'argile lignitifère sous-jacente. Des fragments de silex ou des débris de calcaire doucement ballottés par des eaux calcarifères et vaseuses, soit que ces eaux eussent succédé aux torrents qui formèrent le conglomérat de Cernay, soit qu'elles appartinssent à ces torrents eux-mêmes, ont été successivement entourés de couches calcaires et ont formé des nodules qui furent plus tard soudés les uns aux autres, par des sédiments calcaires que déposaient les mêmes courants devenus moins violents, ou par des sources locales dans le genre de celles qui agglutinèrent, sur certains points, les sables du conglomérat.

Ces nodules, ainsi que le fait remarquer très-judicieusement Alexandre Brongniart, au sujet des *poudingues de Nemours*, indiquent un milieu continuellement agité et nous font remonter à l'idée d'un rivage battu par les flots.

Ce fait, du reste, se produisit à différentes époques géologiques, et nous ne citerons qu'un exemple très-connu, qui donne lieu à une exploitation importante :

nous voulons parler des bézoards minéraux qui, avec
un certain nombre d'espèces fossiles, sont exploités
comme engrais dans les Ardennes, et connus vulgai-
rement sous le nom de *coquins*.

La cause qui avait changé momentanément la nature des dépôts lacustres cessa d'agir, et ces dépôts
redevinrent ce qu'ils étaient primitivement. De nouvelles marnes lacustres se formèrent ; celles-ci diffé-
raient des premières par leur aspect et le nombre
beaucoup plus restreint de leurs fossiles d'espèces
nouvelles.

Cette faune, en effet, se borne à quelques fossiles de
très-petites dimensions (*lymnées, paludines, cyclades*).
Bientôt, ces fossiles eux-mêmes viennent à disparaître
complétement, et les seuls vestiges d'organisation ani-
male que l'on retrouve encore, ne sont plus accusés
que par quelques perforations à la surface des rognons de calcaire tendre disséminés dans les marnes.

Si l'on examine l'étendue considérable qu'occupe
la partie supérieure des marnes lacustres relativement
à leur partie inférieure, on se convaincra facilement,
que le lac primitif, dans lequel s'étaient formés les
premiers dépôts, caractérisés par la *physa gigantea*,
dut, à sa seconde période, étendre son rayon et re-
couvrir des contrées qui ne l'avaient point été jusqu'alors.

Berru paraît avoir été au nombre de ces dernières.
Si les marnes lacustres que l'on y remarque se présentent quelquefois avec des caractères particuliers,
on doit en rechercher la cause dans un fait local : ces
rognons rouges, intercalés au milieu d'elles, sont de
véritables concrétions calcaires qui semblent indiquer,
par leur aspect, qu'elles ne se sont point formées

dans un milieu complétement calme. Peut-être, placés à l'embouchure d'uu affluent, les sédiments qui ont concouru à leur formation ont-ils subi un mouvement de va-et-vient qui expliquerait ainsi le dépôt, au centre du rognon, de l'oxyde de fer plus dense que la matière terreuse qui l'enveloppe.

L'âge du conglomérat de Cernay est donc établi d'une façon définitive : il s'est formé après le dépôt des argiles lignitifères intercalées dans les marnes lacustres et avant la partie supérieure de ces marnes lacustres elles-mêmes, et, à plus forte raison, des argiles à lignites proprement dites.

Après le dépôt des marnes lacustres, arriva l'époque des argiles à lignite. L'étendue considérable sur laquelle on retrouve ce terrain, donne une idée de l'espace que couvraient autrefois les eaux dans lesquelles il se forma.

Le lignite se produisit à la manière de la tourbe, dans de vastes lagunes qui s'étendaient de Paris à Reading, à Londres et à Bruxelles, et dans lesquelles des affluents d'eau douce introduisaient des matériaux variés.

Les différentes assises qui caractérisent généralement les argiles à lignites, sont :

1° Argile plastique ;

2° Bancs de lignite pur, alternant avec des bancs d'argile plus ou moins charbonneux ou des bancs de sable argileux ;

3° Calcaire lacustre ;

4° Argiles à *Cyrena cuneiformis ;*

5° Lits d'*Ostræa Sparnacensis* et *Ostræa Bellovacina*.

Cette succession nous indique qu'à de premiers

dépôts d'eau douce succédèrent des dépôts d'eau saumâtre caractérisés par les argiles à *Cyrena cunei-formis*, et enfin des dépôts complétement marins caractérisés par le lit à *Ostræa Bellovacina*.

Ces différentes couches ne sont pas toutes représentées à Berru ; la puissance du dépôt lui-même a varié énormément sur des points très-voisins : ainsi, à la cendrière des *Saussettes*, les lignites et les argiles présentent une épaisseur environ quatre fois plus considérable qu'à la petite cendrière de la tuilerie de Cernay.

Une autre particularité plus importante, c'est qu'à la cendrière des *Saussettes*, on ne trouve de fossiles qu'à la partie inférieure, et ces fossiles, d'après le rapport des ouvriers, appartiennent au genre *Cerithium* ; tandis qu'à la cendrière de la tuilerie de Cernay, nous n'avons remarqué de fossiles qu'à la partie supérieure. Doit-on en conclure que le rudiment de lignites que l'on remarque sur ce dernier point, correspond à la partie inférieure du dépôt de la cendrière des *Saussettes* ?

Nous ne le croyons pas, et nous nous appuyons :

1° Sur la différence des espèces fossiles que présentent ces deux points ;

2° Sur la similitude de leurs couches supérieures qui semblent se correspondre directement ;

3° Sur la présence des sables supérieurs aux lignites, en contact avec les argiles, dans les deux cendrières ;

4° Sur la présence, à la petite cendrière de la tuilerie, des bancs à *Ostræa*, toujours placés à la partie supérieure des argiles à lignites.

On peut invoquer d'autres raisons, nous le savons, en faveur de l'hypothèse opposée ; mais elles nous paraissent toutes d'une valeur bien inférieure à celles que nous venons d'émettre.

Les eaux marines, dont l'effet venait de se faire sentir par la formation des lits à *Ostræa*, à la partie supérieure des argiles à lignites, prédominèrent tout-à-fait et recouvrirent, à peu près, leur ancien territoire.

Les nouveaux sédiments qui en résultèrent constituèrent les sables supérieurs aux lignites ou sables supérieurs du Soissonnais. A Berru, ces sables acquièrent une épaisseur assez considérable, mais ne sont point fossilifères et, par ce caractère, se relient à ceux de la contrée généralement aussi dépourvus de fossiles.

Durant la période qui suivit le dépôt des sables supérieurs, jusqu'à l'époque où commencèrent de nouvelles formations d'eau douce nettement accusées; c'est-à-dire, depuis la fin du dépôt des sables supérieurs aux lignites, jusqu'au commencement du travertin inférieur ou calcaire de Saint-Ouen, ou mieux jusqu'à la fin du calcaire grossier supérieur, puisqu'on retrouve un rudiment de ce terrain, la montagne de Berru dut rester constamment émergée; car elle n'offre aucun des nombreux dépôts qui se sont succédé entre ces deux formations.

Du calcaire de Saint-Ouen représenté à Berru, et le produit d'une formation lacustre, on arrive aux marnes à *Pholadomya ludensis*, ou marnes fluvio-marines inférieures au gypse. Un événement quelconque avait permis aux eaux de la mer de s'introduire de nouveau, mais sans produire de dénudations appréciables; son passage même fut de courte durée, si l'on en juge par le peu d'épaisseur de ce dépôt.

A dater de cette époque se succédèrent, sur différents points du bassin de Paris, des dépôts d'un
genre tout nouveau : le gypse et les marnes gypseu-
ses, qui ne s'étendirent point jusqu'à son extrémité
orientale ; car on ne les remarque pas à Berru, où
l'on arrive, sans transition, au travertin moyen ou
meulières de la Brie.

Les meulières de la Brie terminent la succession
des couches tertiaires qui constituent la montagne
de Berru ; cette contrée, depuis cette époque, échappa
aux bouleversements qui, sur d'autres points du
bassin de Paris, produisirent de nouveaux terrains.

Pour compléter cet aperçu, il nous reste encore à
étudier deux ordres de phénomènes : ceux auxquels
on doit attribuer l'isolement de la montagne de
Berru et ceux qui contribuèrent à lui donner son
facies actuel.

C'est durant l'époque quaternaire que, selon toutes
probabilités, se manifesta ce premier ordre de phénomènes. De puissants courants sillonnant l'extrémité orientale du bassin produisirent de profondes
érosions, en épargnant çà et là des lambeaux de tertiaire, eux-mêmes plus ou moins profondément dé-
nudés.

Séparée du terrain tertiaire de la rive gauche de
la Vesle par toute la largeur de la vallée, cette contrée eut une grande partie de sa surface enlevée par les
eaux. Nous ne retrouvons, en effet, qu'un seul point de
la montagne qui resta intact : *le Point de vue*, avec son
dépôt de meulière, indique suffisamment qu'il fut,
de ce côté de la Vesle, le seul témoin de l'impétuo-
sité des courants qui mugissaient à ses pieds !

La montagne de Berru n'est point le seul exemple

de cette nature que l'on remarque aux environs de
Reims : Brimont offre un exemple analogue ; mais il
fut encore plus profondément dénudé ; car la succession des divers terrains que l'on y retrouve est
beaucoup moins complète qu'à Berru.

C'est à une époque postérieure que l'on doit attribuer la formation des dépôts de diluvium, si nombreux à Berru : ceux-ci, en effet, reposent le plus
souvent sur des surfaces primitivement dénudées ré-
sultant des phénomènes dont nous venons de parler.

Les courants qui avaient isolé la montagne de
Berru avaient laissé ses bords irréguliers, mais à
peu près intacts. Des érosions postérieures y creusèrent plusieurs petites vallées et la déchiquetèrent
sur différents points.

Si l'on examine la direction de ces vallées, on voit
qu'elles rayonnent autour d'un centre commun où
elles prennent naissance. Cette particularité indique
clairement quelle fut leur origine : elles se formèrent
de la même façon que se forment actuellement les
ravins ; les eaux pluviales, descendant du sommet de
la montagne, y creusèrent une ravine qui, sous l'influence des mêmes agents, se creusa et s'élargit successivement jusqu'à ce que, devenu trop large pour
subir encore l'influence des eaux pluviales, son lit
se confondit avec les vallées voisines.

CONCLUSION.

———

Le lecteur qui a eu la bienveillance de nous suivre dans le cours de ces descriptions parfois arides, possède maintenant, nous l'espérons, une connaissance exacte des différents terrains qui constituent la montagne de Berru.

Notre but est atteint, et nous croyons avoir rempli la promesse que nous avions faite au début de cette notice : nous avons essayé d'être aussi clairs que nous le permettait la confusion du sujet que nous traitions ; car, disons-le maintenant, la montagne de Berru, par la diversité de ses terrains et le peu de similitude qu'ils offrent souvent avec ceux des environs, présente, à première vue, des difficultés réelles, des obstacles sans nombre, que l'on ne parvient à surmonter que par de patientes recherches et de minutieuses observations.

Nous avons heurté, nous le savons, une théorie admise jusqu'ici : nous voulons parler des sables et des marnes lacustres de Rilly, que l'on s'accorde à regarder comme antérieurs aux sables inférieurs du Soissonnais, et que l'on considère généralement comme les premières assises du terrain tertiare. A Berru, les faits paraissent prouver le contraire ; mais

nous ne discuterons pas cette théorie : les limites
que nous nous sommes imposées ne nous le permet-
tent point.

Nous nous réservons, dans un travail subséquent,
de faire connaître à cet égard les réflexions que nous
ont suggérées nos études aux environs de Reims.

Aujourd'hui, nous nous bornons à constater des
faits. En présence de la sincérité avec laquelle nous
en avons rendu compte, de la simplicité avec laquelle
nous avons exposé nos preuves et nos raisons, on ne
doit point méconnaître la nature de la pensée qui
nous guidait.

Nous accueillerons d'ailleurs avec reconnaissance
toutes les observations qui auront rapport au sujet
que nous venons de traiter.

Imprimerie Coopérative de Reims.